U0541288

长线思维
做投资的少数派

颜 亮 ◎著

浙江大学出版社

谨以此书献给

我敬爱的父母

推荐序（一）

浙江中大集团股份有限公司（现名物产中大集团股份有限公司，股票代码为SH600704）是商务部钟山部长在浙江工作期间亲自创立的上市公司，他曾经担任中大公司董事长兼总经理8年，为公司基业长青奠定了最坚实的经济和制度基础。我作为继任者，有幸担任该公司董事长17年，做了一些传承和发扬的有益工作，留下了许多美好的记忆。

颜亮博士自2008年加盟中大公司，一直担任重要部门及金融类公司的主要负责人，至今已经在资本市场第一线实际操盘 15 年有余。

这本《长线思维：做投资的少数派》延续了颜亮博士一贯务实又擅长理论思考的作风和文风，简练精准、睿智洞见、娓娓道来，宛若投资类书籍中的一股清泉，读着十分享受。

当今世界，正逢百年未有之大变局。中国经济在改革开放取得巨大成就的基础之上，正走向更加现代化。在第四次工业革命的浪潮中，新科技革命作为新一轮产业变革的核心驱动力，是中国从工业和贸易大国升级为工业和贸易强国的新引擎。同时，在全面深化改革和让市场发挥资源配置决定作用的大背景下，高效便捷的以直接融资为主的资本市场，无论对国有企业改革发展，还是对民营经济成长发展，无论是从总体上，还是从微观上，都将极大激发市场主体创新创业的活力和竞争力，从而持续推动形成与工业和贸易强国演进进程相适应的金融强国建设进程。发展包含股权投资业务在内的，以提高直接融资比重为主要任务的现代金融事业，至关重要，既刻不容缓，又方兴未艾。

颜亮博士《长线思维：做投资的少数派》一书的出版发行，恰逢其时。对于书中关于"长线思维"和"结硬寨"等理念，我尤其赞赏。华为公司而今仍拥有超强生命力，极其生动地印证了这种经商正道的"核心密码"。

愿中国企业尽早由长线思维的少数派，跨越发展成为多数派，期待中国经济行稳致远，朝着高质量发展大步向前。

浙江中大集团股份有限公司原董事长　陈继达

推荐序（二）

伟大需要时间来成就，企业如是，投资亦如是。

美国投资大师巴菲特说过："成功的投资需要时间和耐心。即使付出再大的努力，拥有再过人的天资，有些事情没有时间也是不会发生的。"

特别是对于股权投资，这种既缺乏流动性也无法保证收益性的投资行为，更需要以长线思维来思考和理解，才能找到其安全的投资逻辑，做出正确的投资决策。

长线思维，考验的是我们的耐心。耐心地观察调研，耐心地梳理逻辑，耐心地等待机会，最终成为制胜的少数人之一。在这本《长线思维：做投资的少数派》中，颜亮博士就以自身多年的实践观察为基础，融入对企业与时代、技术与变革、文化与产业的思考，深刻阐述了"结硬寨、打呆仗"的长线思维理念。

做投资与做实业不同，做实业靠的是对产业持续不断的精进、奋斗，离不开对行业的热爱和专一；而做投资需要面对不同的行业、不同的公司、不同的团队，要做好判断，就需要跨度较大的知识融合，投资人更像多面手。所以，在工作之余，能总结出一些共同的经验是有必要的，也是有益的。颜亮博士的《长线思维：做投资的少数派》一书，可以说正是他15年的投资工作的总结。

颜亮博士曾经在开元旅业集团任职3年，负责制订了集团第一个正式的5年规划。职责之外，也提出了开展投资工作的设想，限于种种因素，皆未能成行。后来，颜亮博士到物产中大集团工作，其个人抱负终于得以施展。

这次他邀我作序，我也颇为惊讶。没有想到他在忙碌的工作中，还能抽出时间将自己的思考凝结于笔尖，付诸纸上。但回过头想想，其实这也符合他善于思考、勤奋务实的一贯作风。《长线思维：做投资的少数派》一书，文风质朴，观点睿智，值得一读。

衷心祝愿这本书的出版能对更多的读者产生帮助，也衷心希望颜亮博士在未来取得更大的成绩。

开元旅业集团创始人　陈妙林

前 言

企业经营的本质,就是关于生存、盈利与可持续的商业活动;而投资最首要的事情是要保证本金安全并获得盈利。私募股权投资作为一种特殊的经营活动,不仅要考虑投资经营行为的生存(本金安全)、盈利(超过本金的回报)和可持续等核心命题,更要考虑所投资企业经营的本质。

股权投资者作为企业的股东,须立足于企业经营的本质,通盘考虑企业的规范性、持续性和成长性;须树立长线思维,做好长期投资的打算,以产业投资的逻辑,寻找那些有安全性支撑、主营业务可持续的投资标的，并以此为投资分析的出发点。

股权投资的收益源于企业的持续成长，只有那些能够持续拓宽成长空间、扩大创利规模的企业，才能获得超出行业平均水平的经济回报。而那些有鲜明时代特点，能够与时代同步或超越时代，能够实现"赢家通吃"，能够呈现超预期的发展势头和业务扩张能力的企业，一直是投资者梦寐以求的投资标的。

时代既创造机遇，也催生挑战。改革开放40多年来的企业发展主题是"追赶、替代和超越"，这个时代主题催生了企业价值的潮起与潮落。企业价值的评估基准是动态的、主观的，也是伴随时代而持续演进的。股权投资要想获得超额收益，获得超出市场平均收益水平的回报，就需要关注那些"产业位势高"和"扩展能力强"的投资标的，这些定性指标比"当前利润"这个财务指标更值得股权投资者关注。也正是这些享受资本市场高溢价的"时代企业"，支撑起了呼应时代的主流商业影响力，推动了人类社会的进步，贡献了巨大的资本市值，不断创造令人惊喜的经济回报。

"每个人都是自身经验的囚徒"（莫罗），只有不断提升对时代主题的认知、对企业经营本质的认知、对企业扩展能力的认知，打破认知上的桎梏，才能迈过门槛、避过陷阱、取得收益。

回归本质，大道至简！

这是一本有关股权投资方法的书，也是一本有关企业经营与战略管理的书。

2020 年 5 月

目 录
CONTENTS

第一章　投资原则　　　　　　　　001

第一节　股权投资方法　　　　　003
第二节　长线投资思维　　　　　011
第三节　寻求超额收益　　　　　024
第四节　投资的少数派　　　　　031

第二章　时代企业 　　　　　　　　039

第一节　时代核心资产　　　　　041
第二节　行业所处态势　　　　　049
第三节　行业空间格局　　　　　060
第四节　科技引领时代　　　　　079

第三章　产业位势 　　　　　　　　085

第一节　构建产业链优势　　　　087
第二节　商业模式的壁垒　　　　106
第三节　资产运营的效率　　　　136

第四节　现场与资产管理	147
第五节　壁垒与经营难度	160
第四章　扩展能力	**173**
第五章　核心团队	**189**
第六章　乘势投资	**207**
参考文献	**222**
后　记	**224**

第一章 投资原则

> 结硬寨、打呆仗。
>
> ——曾国藩

如果没有壁垒的保护、没有抵御风险的能力,投资就会暴露在风险之中;如果不能与时代同行,甚至超越时代,就难以获取超越市场平均水平的收益!

纵观商业发展的历史,任何新兴行业最终只会有少数企业能够胜出,能够与时代同步,甚至引领时代,这些标的才是值得投资的少数派。

要对自身的投资行为设限,要划定自己的选择边界——选择少数企业,做投资的少数派!

第一节　股权投资方法

随着我国资本市场的发展，私募股权投资（private equity，简称PE）作为舶来品，越来越被众人熟悉，成为许多投资者热衷的理财领域，也让很多企业成功迈进资本市场并实现高速成长。很多私募股权投资管理机构异军突起，从而诞生了一种新兴的商业模式。

作为扎根于国内资本市场的私募股权投资机构，或有意把个人资产配置在私募股权投资领域的股权投资者，都回避不了三个关键问题：该如何避免出现大额本金损失的状况（如何保证本金安全）？该如何在众多项目中挑选合适的企业（如何挑选企业）？该如何获得超过市场平均水平的回报（如何获得高额回报）？

古人云："谋定而后动，知止而有得。"熟知私募股权投资这个概念的含义，了解私募股权投资的目的，掌握合适的投资方法，可以让我们的投资少走很多弯路。

1.属性决定方法

私募股权投资，是一种通过私募形式把资金投入拟上市企业，换成拟上市企业股权，并计划通过在资本市场IPO（首次公开募股），或是被并购、被回购等方式，兑现未来收益的行为或过程。

私募股权投资这个概念有三个方面的含义。

（1）私募。是指在非公开市场，不是在一对多、集合竞价的公开市场，通过一对一或一对少的针对性谈判完成。

在入股谈判的内容方面，除了价格，还附含其他甚至比价格更重要的责、权、利条款，诸如业绩对赌、回购承诺等。最终投资者能拿到多少有利的条款，主要是通过利益层面的博弈来实现的。

（2）股权。所投资的载体是股权，而不是债权、收益权或其他权利，是包括收益权、分配权、表决权和处置权在内的完整权利。

股权投资者要承担以投资金额为限的有限责任风险，

有些特殊类型企业，如金融类企业的控股股东，可能还要承担超过股权比例的连带风险。

从融资方的角度来看，企业实施股权融资的首要目的是补充股本金，补充长期发展资本。企业发展所需的长期资本，诸如股本金、长期优先股、长期债券或贷款等往往是稀缺的。经济学上有"物以稀为贵"的说法，融资方也愿意为此付出较高的代价，这是私募股权投资行为发生的前提，也是财务收益的来源。

从投资方的角度来看，私募股权投资的时间比较长，至少需要3~5年，有的甚至7~10年，其间一般不会回息和回本。与债权性投资相比，股权性投资承担了更大的投资风险，必须要有足够的报酬进行风险补偿。

（3）投资。是一种跨时空的价值交换，是在扣除资金成本或机会成本后，获得远远超过本金的收益。

通过退出企业而获得财务性收益是私募股权投资的唯一目的，也是私募股权投资机构的利润之源。持有企业股权的最终目的是卖出，仍然持有只是意味着卖点未到或无法卖出，并不代表永远持有。

由于融资方与投资方存在利益结合点，投资方不用担心与融资方的深入谈判会破坏合作关系，只要是合适的条款都可以提，诸如回购权、优先回售权、优先认购权或拖售权等。无论融资方是否答应，在完成融资任务之前，都可以充分地进行投前交流和沟通。

在双方正式合作前，必须形成一个双方都能够接受的共识，否则，后续投资行为就无从谈起。通过充分沟通，双方不仅可以了解对方的利益诉求和合作底线，而且可以减少未来合作过程中的纠纷。

股权投资的内在属性，决定了在做投资决策时必须考虑这些特殊性，要使用相对完整的分析框架，才能找出可持续的成功之道、制胜之道。

2. 安全尤为重要

金融资产配置有"三性"原则：安全性、流动性和收益性。而未上市的企业股权作为一种类金融资产，也可以参考金融资产的配置原则来分析。

安全性、流动性和收益性如同一个"不可能三角"，投资者不得不在其中做出选择。对于有些金融机构而言，在资产配置时，会把流动性放在第一位，或者把安全性放在第一位，而把收益性放在第三位。这是因为金融机构具有典型的高杠杆经营特征，始终面对待兑付的风险，必须让自己的流动性敞口安全，能够履行资金到期的偿付责任。

而对于股权投资行为来说，一旦实现了资金的投放，短期无法出售，除了金融类等少数股权外，这类股权也无法抵押，3~5年没有流动性。而收益性方面则存在较大的不确定性，很难在投资初期就能确定未来收益性的高低和范围。即便是通过理论计算来假设和测算未来的收益率，也仅仅是预期收益率，而不是现实收益率。

私募股权投资这种既缺乏流动性，又没有明确收益性的特性，决定了必须在安全性上下功夫，尽可能让投资处在不败之地，做到"三性"的均衡。所以，在做私募股权投资决策时要慎之又慎，一定要用安全性逻辑支撑，这也是必需的底线思维。

案例：充沛现金的价值

著名投资人巴菲特控股的伯克希尔·哈撒韦保险公司，是投资控股型金融公司，账面上常年保持数百亿美元，甚至千亿美元现金或类现金头寸。账上保留充沛的现金，既是为了应对潜在保险费用的支出，也是在等待合适的投资机会。其在2008年因金融危机中的"抄底"而蜚声海内外；而2020年3月美股因新冠疫情快速下跌，现金的价值也进一步凸显。

而苹果公司这样的科技型企业，2018财年就有595亿美元净利润，也保有近千亿美元的类现金头寸，为了预期外的并购机会或防范不可知的支出风险。当一些战略性并购机会出现时，能够提供更大比例的现金支付是一种相对优势。

> 公司在账面上保留大量现金，或许降低了这些资金的收益，但在遭遇不可知或不可测的风险时，其价值方能显现。

3. 结硬寨、打呆仗

《孙子兵法》有云："是故胜兵先胜而后求战，败兵先战而后求胜。"每一场战役都是"有限次重复博弈"，都是一场综合战力的消耗战，从第一场战役到最后一场战役，只要某一方出现一次大的失误，那么，前期所有的胜利都会烟消云散，都会直接归零。而纵观历史上的战争胜利者，永远是那些在每一场战役后都保存实力的一方。只要在每次战役中都能保存自身的实力或主力，消耗对方的实力或主力，就有很大机会获得最终的胜利。

对从事股权投资业务的投资机构，或有意于股权投资的职业投资者，如果出现一次大的战略性损失，再想扳回来就非常难了。对投资机构而言会损害公司的行业声誉，对投资者而言则是一种利益上的损害。所以，一定要尽可能回避大的损失，回避那种会出现颠覆性结局的损失。

清朝末期的名臣曾国藩，总结了自己打仗的经验——"结硬寨、打呆仗"。不管是进攻，还是防守，或是相持，甚至是在追击溃败的敌人时,每到一地都不辞辛苦地"结硬寨",把自己与敌人的风险源隔开,防止敌人使诈、偷袭和侵扰。在进攻的时候,更是要扎扎实实地"结硬寨",宁可让士兵疲于奔命,也坚持自己的打法不动摇。老老实实地"打呆仗",即便被学生误解、被同僚取笑,还是坚持自己的用兵原则不动摇。

"结硬寨、打呆仗"的原则,其实是一种"不冒险""料敌从宽"的原则,尽可能划定自己能够掌握的范围,并从中获得一种战场上的主动权,这也是一种"你打你的,我打我的"原则。不管自身兵力多寡、胜算高低,始终把防范潜在风险放在第一位,以保存实力为前提,以"不败"待时机转变、待优劣转换、待攻守变换、待主客易位。这也是一种以"生存"为底线的思维方式,只有在战场上生存下来,才有赢的机会。

为降低私募股权投资的风险,增加投资的安全性,可以学习、借鉴这个"结硬寨、打呆仗"原则——寻找并投资那些"结硬寨、打呆仗"的企业,并坚持这个投资方法不动摇,形成自身的投资风格。不要被花团锦簇的经营手法所蛊惑,不要被感天动地的情怀所迷惑,不要被激动人心的账面利润所误导,寻找不断提高经营壁垒和"护城河"的企业。

"结硬寨、打呆仗"的原则有两层含义:

第一,要找到"结硬寨"(经营壁垒)的企业,并且调动资源,帮助这些企业去"结硬寨",把"护城河"挖宽、挖深;同时,还要帮助企业去"打呆仗",帮助企业树立和坚持经营哲学的信心,或者说是找到那些有强大信心的企业。

第二,要长期坚持这样的投资方法不动摇。作为从事股权投资业务的投资机构,通过投资这类企业来"结硬寨",通过长期坚持这样的打法来"打呆仗"。

这就要求我们带着问题去审视企业,从风险规避的角度来看企业,帮助企业去找缺点、去补漏洞,不断帮助企业结"硬寨"、挖"壕沟"。

把安全性放在第一位,选择那些能够坚持"结硬寨、打呆仗",不断累积自身优势壁垒的企业。那些值得投资的企业永远是少数,只要我们能够坚持细水长流、积小胜为大胜,就可以建立与众不同的投资风格,获得长远的收益。

第二节 长线投资思维

企业经营的本质，是关于生存、盈利与可持续的商业活动。

股权投资行为这种长期缺乏流动性的特点，决定了要基于长线思维（long-term thinking）来思考和理解所投资企业的经营本质。这不仅要在投资周期中寻求持续的安全性（业务的持续性），而且要从投资周期中获得足额的收益补偿，还要充分考虑企业的成长性（业务的成长性和扩展性）。为此，做股权投资决策时不仅要对拟投资企业的业务持续性、成长性有明确要求，还要考虑从资本市场（获得流动性溢价的前提下）的顺利退出，在企业运营的规范性上也要有明确要求。

1. 可持续是核心

金融资产配资的"三性"（流动性、安全性和收益性）原则在股权投资行业的具体要求，形成了股权投资业务的新"三性"原则：规范性、持续性和成长性。

（1）规范性

企业的经营管理活动必须要尽可能规范，要符合国家法律法规的相关规定，尤其要遵守财务、税务、环保和社保等方面法律法规，内部管理也要有章可循、有法可依，有明确的规章制度。企业做好合规、合法经营，既可以防范内部的一些管理漏洞，又可以防范一些潜在的颠覆性风险。

对于那些政府管制较多的行业，一定要特别注意前置审批的条件是否具备。很多企业为了赶工期会采取"未批先建""边批边建"等"抄近道"的做法，这种行为本身就是违规的。从严格意义上来看，甚至是违法行为，最终会酿出祸端。

规范性分析的重点是要排除道德风险、合规风险、内部控制风险等，尽可能以谨慎性原则处理税务、财务、环保和法务事项，尽可能排除那些属于非经营性、而且通过改善内部管理可以避免的风险。

（2）持续性

企业经营应该是持续性的，尤其是主营业务要有连续性，不能是脉冲式，也不能是间歇式，更不能出现断崖式下降。企业的主营业务在可预期的时间范围内，不仅要维系，还要保持不小于当前的营业规模或利润规模（现金流更加重要）。企业的非连续性业务，不仅影响企业内部运营的效率，更会给企业经营带来较大的冲击或困难。在评估企业价值时，要剔除一些机会性创利的影响，这部分的价值是短期化的，是不可持续的。

企业经营的持续性对投资本金的安全影响最大，一旦主营业务失去持续性，又无新生业务跟上来，那么大概率就会出现投资亏损。企业经营的持续性是股权投资价值的核心所在，为股权投资的本金提供了安全边际，也是投资项目分析的关键点。被广泛认可的 DCF 模型（discounted cash flow），即现金流折现估值，其隐含的假设前提就是存在持续不断甚至永续的现金流。

持续性分析的重点在市场空间、竞争格局、竞争壁垒和商业模式等方面内容，核心是分析企业在产业链中的产业位势。要选择那些符合时代企业特征和具有高产业位势的投资标的，这些企业会在长期的持续性中贡献趋势性价值。

（3）成长性

企业要实现现有业务的规模和利润双增长，必须是可持续的增长；同时，还要尽可能实现跨细分市场、跨行业甚至跨领域的扩展,实现跨界成长,即显示扩展性。

从长线思维的角度来看,那些能够实现不断快速成长的企业,才是最佳投资标的。企业成长性状况和成长预期实现与否,决定了股权投资回报的程度。

成长性分析的重点,不仅包括对现有行业或业务领域的扩张情况分析,还要分析是否具有跨行业、跨细分市场实现扩展的资源、能力和意愿等。

综上,企业经营的规范性是基石,没有规范性则无从保障股权投资的安全性和流动性的变现;持续性是最核心的,没有可持续的主营业务,就难以保障股权投资安全性,未来成长性也需要持续性源源不断提供支撑;成长性则是预期,决定了未来提供收益性的空间。

2. 长线投资思维

所谓长线思维,就是要以产业逻辑(即时代企业、产业位势和扩展能力的分析框架)为支撑,在一个足够长的以持续性为前提的周期内权衡利弊,这个周期既能够覆盖投资周期,又能给企业充分的、持续的成长空间。

一般来说,长线思维比短线思维更有优势,主要是因为复利效应的存在。长线思维不会计较一时之得失与高低,也不会计较短期的波动,会充分考虑行业的成长空间,给予企业更长的成长时期,让企业有充分施展的时间,让既有竞争优势和产业位势能够充分地累积。一旦企业能够顺利成长，其复利效应就能实现充分累积，持续的复利就会带来巨大的回报。

有投资者可能会认为，私募股权投资如果做不好可以作为产业投资来处置，而事实恰恰相反。一旦有这样的心态，以此作为决策前提，最终搞砸的可能性就会大增。**财务投资与产业投资的核心差异在于：是否有能力去经营和管理这样的企业？是否有产业核心资源注入？**财务投资者往往不具备这样的能力和资源。当前，CVC（企业风险投资，corporate venture capital）比 IVC（独立风险投资，independent venture capital）更容易受初创企业的青睐，原因就在这里。

英特尔资本作为 CVC 型巨头之一，在 20 世纪 90 年代初成立，到 2017 年所投资项目中的 70% 皆为领投方，到 2019 年则有 3/4 的项目为领投方。而且，英特尔资本在 2016 年将投资策略调整为"在被投企业占据更大份额，更具战略意义地投资股份"，并将至少一半的工作时间放在被投项目的投后服务上。从主导权、持股比例、投后管理等多方面来看，CVC 对所从事产业的掌控能力、理解深度、分析能力也普遍高于 IVC。

同样，做股权投资决策时更不能急躁。投资行业从来不缺乏成功案例，我们看过或听过很多，有现场拍板的、有追上门投资的、有马上打款的，都是经过各种各样渲染和艺术加工的"慧眼+胆略"的成功案例。我们不怀疑这些成功案例的真实性,但是,这些案例本身并不能得出"决策快就能带来高成功率,胆子大就能获得高回报率"的普适论断。

从统计的角度来看,从有限数据中很容易得出"幸存者偏差""以偏概全"的观点,这是我们时时要防范的。从最终投资结果来分析,那些能抢到份额并获得成功的案例只是极少数(如"共享单车"的个别早期投资者、"网约车"的少数投资者),更多是因"抢份额"而吃大亏的案例。

案例:幸存者偏差(survivorship bias)

另译为"生存者偏差"或"存活者偏差",是一种常见的逻辑谬误("谬误"而不是"偏差")。指的是看到了经过某种筛选而产生的结果(数据),而没有意识到筛选的过程,因此忽略了被筛选掉的关键信息。在"沉默的数据""死人不会说话"等日常表达中,都涉及幸存者偏差。

在对融资方进行尽职调查时，也要认识到该企业过往的成功是存在幸存者偏差的，肯定存在诸多的试错和不成功的举措。那么，该企业的防范风险意识和能力如何？纠错能力又如何？能够正确看待和处置不成功的经营事项以及不忌讳地复盘，企业的风险意识和风险处置能力才能持续提升。这个方面也是对企业经营团队的重点考察内容，如果经营团队对既往的风险和过错避而不谈或一笔带过，就需要慎重对待了。

不要轻易去预测未来，更不要用未来的预测做投资的结论，而是要更多关注当前的经营状况和数据支撑——现实可以照进未来。在分析项目时，直觉与理性思维同样有价值。"肯定"需要数据支撑，"否定"只需直觉即可。在分析企业优势时，这些优势（"长板"）尽可能要有数据或事实（逻辑）来支撑（证实），最好是用数据说话，这些都可以用来辅助决策。而在分析企业劣势时，有时候靠直觉就能做出否定的决策。虽然说用直觉来否决项目的过程好像没有道理，但这种直觉的可靠性还是比较高的。所以，要用数据辅助做出肯定的结论，用直觉辅助做出否定的结论，而不是相反。

案例：危机前的直觉

《苏世民：我的经验与教训》里描述了一个典型案例，苏世民到西班牙的马德里拜访朋友，同时准备与KKR公司合作，完成对美国媒体公司科利尔频道的收购，这是一笔大额交易。但是，当苏世民在马德里参观考察时，直觉告诉他不能推动整个交易。这种想法一旦出现，就导致不安的感觉越发强烈，最终他做出决定——必须退出交易。

这件事发生在2006年年底，随后黑石集团对周期性业务进行大幅度缩减，从2005年的70%降低到了30%，并主动暂停了一系列交易，从而成功地躲过了2008年发生的金融危机。

对股权投资机构而言，从事私募股权投资是一个长期持续的过程，不是短跑竞赛，更像跑马拉松。要有足够的战略耐心，不要想着每年能够投几百家、上千家企业，任何机构的精力和能力都是有限的，也都是有边界的。投资者都不希望出现亏钱的情况，即便没有赚到足额的收益，也远远好过亏掉本金。对从事私募股权业务的投资管理机构而言，如果让投资者出现亏钱的情况，那这些投资者不可能再追加投资，客户也就流失了。比较明智的做法，是每年只做一些少而精的投资，做一些有把握投资。小心驶得万年船，这样的投资决策模式才是可行的，才是对投资者负责，也是对自身声誉负责。

3. 动态把握变化

我们不仅要提高自身的分析能力，搞清楚企业的经营和管理活动与行为是在"结硬寨"，还是在做"花架子"，以及"结硬寨"是否有效果；还要认识到，投资持续"结硬寨"的企业，也不等于投资本金和收益就一定会得到保障，仍然会存在一些变数，仍然需要做好投后管理工作。

主要的原因有三个。

（1）现有或潜在的竞争对手会不断地试图攻破壁垒，削弱经营壁垒的防御能力。比如，任何冷兵器防守，一旦遇到热兵器的猛攻，最终结果都是不言而喻的。

（2）企业自身也在不断变化，既有可能强化壁垒，也有可能自毁长城。

（3）行业从成长期变为成熟期，或者发生了新的变革，企业能否适应变化，能否持续保持良好的发展态势和产业位势，存在未知。

我们在投资之前，可能发现并回避掉了一些存在根本性问题的企业，但是，行业政策、市场竞争和企业问题都是动态变化的,尤其是经营团队和企业负责人的思想变化可能很迅速(不仅仅是定力或诱惑的问题),甚至可能因为资本市场的剧烈波动而发生根本性逆转。

对股权投资者来说,不仅要把鸡蛋放在篮子里,还要看好篮子里的鸡蛋。不仅要能够及时帮助企业发现问题,给出一些解决问题的方法;还要不断地帮助企业"结硬寨",这也是投资者替自己"结硬寨"。

任何企业都无法抗拒两个天花板:一个是行业增长的天花板,是需求空间的天花板,限制了企业最大的可成长空间;一个是企业家能力层面的天花板,也是经营层奋斗精神天花板,限制了企业可实现的成长空间。后者对企业的影响更为致命,"董事长的能力是企业发展的天花板",2018年以来资本市场爆出的股权质押融资爆仓事例比比皆是,很多问题都是出在董事长的身上。这些股权质押融资所获得的资金最终是否得到了有效运作呢?现实往往比预想要残酷得多。

> ### 案例：并购之星的陨落
>
> 2015年、2016年是A股资本市场的"并购年"，很多民营上市公司不是主业出了问题，而是倒在了跨产业并购上！
>
> 随着资本市场指数的狂飙，很多上市公司被膨胀的市值冲昏了头脑，不断大干快上、搞多元化扩张、加杠杆并购，最后很多都变成一地鸡毛！
>
> 仅长三角地区，就有多家获得中国民企500强企业因跨产业并购而陷入经营困境，这些经营激进的企业家，没有熬过资本市场的冬天，成为一颗又一颗"流星"。
>
> 产业并购，尤其是跨界并购的结果往往是比较残酷的。当现实击碎梦想的泡沫，带给这些企业家的不仅仅是悔恨。

企业持续卓越之难的事实就是："恒星"不多，"流星"不少。既往如流星一般的企业，名单可以列很长，诸如国际通信巨头、国内家电龙头等不少著名企业，曾经都风靡一时，风头一时无两。

如果在投资后发现企业存在一些根本性问题，不管是原来就存在的问题，还是新出现的问题，都要坚持"三十六计走为上"。**就如同在黑天鹅被发现之前，绝大多数人都认为天鹅是白的一样。有问题的企业是正常的，而有根本性问题的企业就不正常了。尤其是团队的能力问题、道德问题、产业政策问题，都是至关重要的一票否决因素。**

案例：企业生命周期理论

伊查克·爱迪思（Ichak Adizes），创立了企业生命周期理论。经典的图形如下，企业成长分为投入、成长、成熟和衰退四个周期。其中，最重要的两条经营数据线，一个是营业额或销售量，另外一个就是净利润或利润总额。《滚雪球：巴菲特和他的财富人生》里巴菲特提出要寻找长长的雪坡，其实也就是寻找能够持续成长，迟迟不会进入衰退期的标的。

事实上，每个企业都会不可避免地进入衰退期，企业生命周期理论的立足点或论据，是需求的周期性。而需求的周期性和政治、经济、社会、技术等因素相关，不可避免。换句话说，企业进入衰退期不仅是一个现实问题，更是一个哲学命题。

企业周期理论

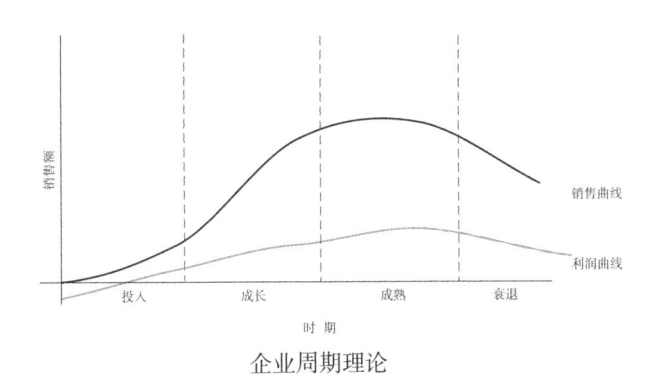

另外，必须考虑（行业）企业的生命周期。股权投资的目的是获利，这就必须了解所投标的企业所处的周期。一般而言，只要有合适的价格，在前三个周期能够实现顺利成长，投资很大概率都能获利，这是顺势投资；如果在衰退期投资，最终能再次转换到新的成长周期，也能获利，这是逆势投资。当然，也要考虑投资过程出现夭折的可能性、持续陷入困境而不会反转的可能性，这就是不确定性和风险。风险投资机构往往会选择投入期，私募股权投资机构会选择成长期甚至是成熟期。

所以，做股权投资一定不要轻信天花乱坠的陈述，不要迷信令人感动的情怀，而要以数据为支撑得出明确的结论，更不要因为时间紧急就匆忙投入资金。而投后管理的意义就是及时发现问题并做出适当的反馈，通过偏差分析及时采取纠正措施，使所投资企业稳定在预定的目标轨道上。

第三节 寻求超额收益

投资行为是一种利弊权衡后的选择，这个选择在很大程度上决定了投资所承担的风险，及未来获得收益的可能性和程度。投资行为发生的目的是获利，安全本身并不是投资的目的。因此，在安全性（尤其是企业运营的规范性和主营业务的持续性）得到保障的基础上，或者在兼顾安全性的基础上，投资者必须思考如何寻求更高的收益或超额收益。

收益是对风险的一种补偿，如果承担了较大的风险，就需要较大的收益来补偿。而从收益与风险曲线来看，获得非对称收益也是一种可行的策略。

如下图所示，A、B、C 三个投资方案，从风险收益比曲线来看，C 方案是优于 A 方案的，C 方案比起 A 方案有非对称收益。对比 A、B 方案，B 方案的风险和收益都比 A 方案要低，但风险下降得更快。因此，B 方案与 A 方案相比，也存在非对称的收益。

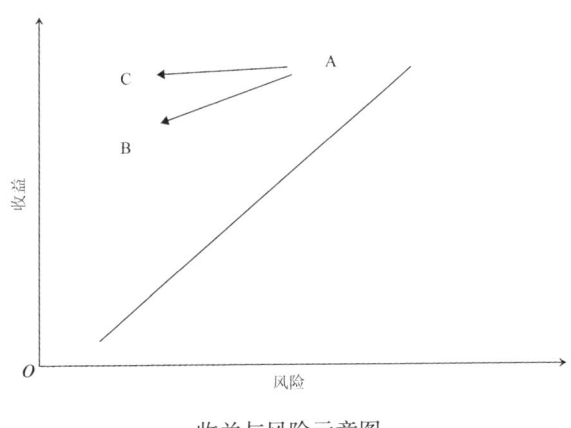

收益与风险示意图

在当前的股权投资领域，结合企业成功 IPO 后在资本市场的估值水平，非对称性收益或超额收益的来源有：（1）赢家通吃；（2）行业性溢价；（3）产成品溢价；（4）扩展性期权；（5）IPO 套利；（6）长期投资溢价。

（1）赢家通吃

赢家通吃也就是龙头（领先）企业溢价。

一般情况下，行业龙头企业都要比第二、第三名企业的盈利能力要高上很多。而且，资本市场给予的估值也要贵上一些，市值则要大上不少。因此，做股权投资尤其要重视这一类企业。

在一些集中度非常高的行业，龙头企业甚至能占有超过 80% 的市场份额，充分体现了赢家通吃的现象。如微软在 PC 行业的 Windows 操作系统和 Office 办公软件，Intel（英特尔）在 PC 行业的 CPU 领域，都近乎实现了赢家通吃。如果没有《反垄断法》的阻挡，估计就真的实现了。

当颠覆性技术或新经营模式出现时，很可能会创造一个新的行业，并成长出一个新的龙头企业，获得资本市场给予的高溢价。

案例：基于大数据的搜索赢家

Google（谷歌）的搜索分为两个阶段。

第一阶段，根据页面内容的相关性进行搜索，通过分析（通过爬虫抓取）页面的信息量和算法迭代，以统计学的方法找到与主题词（释义）相关度最高的页面。

第二阶段，分析用户行为，分析用户点击和关键词之间的相关性，进一步提高搜索的精准性。而第二阶段数据的质量，与客户数量密切相关。如果客户数量多，即便是一些非常冷门的搜索关键词，也会很快达到可以优化的几万次数量级，进而提供更好的体验。

其他竞争对手在算法的架构上与Google相差不大，但在数据量上却相差很大，尤其是某些冷门关键词上的搜索质量差异很大，用户体验就会有明显的差异。即便在关键词这个领域达到了Google的水平，甚至略高一点，也难以取代Google的地位。Google作为搜索领域的领导品牌，这个位势是其他公司难以颠覆和超越的，竞争对手难有出头之日。

Google还通过分析客户的广告点击与页面内容的相关性，不断提高和强化这种相关性。这样，单位面积与时长的广告位的客户转化率就会比其他企业高，相应出售广告的价格也会更高。同样，亚马逊的商品推荐比其他企业更加精准。这也是基于大量客户行为数据分析得到的，其中大量独有的长尾数据提高了匹配的精准度。

（2）行业性溢价

资本市场发展已经超过百年，针对不同行业往往给予不同的估值，有成长溢价、创新溢价、消费类溢价等三类溢价现象。

第一类，成长性行业的溢价。传统产业（落后于时代）的估值明显低于成长性行业，尤其低于新兴的成长性行业（与时代同步或领先于时代）。资本市场更多反映了未来的预期，而新兴的成长性行业的未来更有想象力。

第二类，科技型企业的创新溢价。如科技型企业中创新药企业（不断技术迭代，不断创新成长），即便企业有巨额研发费用支出并出现亏损，资本市场也会给予很高的估值，就是期望创新药研发成功后，会带来一个巨大的新成长。

第三类，消费等2C类行业溢价。一般情况下，2C类行业估值要高于2B类行业，这主要是因为2C类行业稳定的利润和充沛的现金流。而一些持续性强的2B业务也有类似的溢价特点，如SaaS（软件即服务）及云服务等类2C型业务。

当然，有些行业会具有多种属性，比如医药、消费电子等行业内的子行业就是这三种属性的综合体，而化妆品、食品等行业往往拥有消费和成长的双重属性。

（3）产成品溢价

一般情况下，做制成品且位于产业链末端的企业，要好于做零件或部件的企业。处于产业链末端的制成品企业，那些能直接面向终端客户群的企业（2C或2B），往往都有溢价；而处于产业链中间或上游的企业，如果能够实质影响或控制产业链,并通过产业链来影响终端客户群的企业(2B),也能存在溢价。

如ICT(信息通信技术)领域的Intel和高通,都是有平台性质或产业链主导型企业,有足够的能力控制CPU(中央处理器)和通信芯片的产业链,并能通过产业链影响终端用户。这种产业链的主导地位,在资本市场的估值也存在溢价。

(4)扩展性期权

一般情况下,受限于自身的资源禀赋和产业周期,企业在规模和创利方面的扩张是有明显边界的。企业如果能够不断跨越产业周期,不断打破资源束缚,并能实现跨界扩张,相当于附赠给股权投资者一个扩展性的成长期权。

那些能够不断成长,找到新的、比较大的增长领域的企业,往往会给予投资者惊喜。

(5)IPO套利

IPO套利是存于一、二级市场的不同估值差所产生的机会。同样的企业,在一级市场大概会给予10~12倍估值,在二级市场可能就会给予25~30倍估值,二级市场的溢价会高出1倍以上。

二级市场给予的估值明显高于一级市场,这种溢价往往是长期存在的,主要是因为二级市场的高流动性、资本运作的便利性以及"壳"价值等溢价因素。

在做私募股权投资时,不能给予一级市场的企业太高估值，否则，就会出现一、二级市场价格倒挂的现象。所以，把纯粹市场套利作为投资逻辑的投资行为，最终会因为估值差缩窄而变得无利可图，甚至出现亏损。当追捧市场的"热点"项目时，股权投资者会有较多的约束条件，而最终的投资回报情况往往是堪忧的。

（6）长期投资的收益溢价

与短期投资相比，长期投资的年均回报要高，成功的长期投资会获得复利效应。

短期投资在回收资金后，需要不断更换投资标的，所回收的投资资金在待投资过程中就会有一段低效回报期，而成功的长期投资的低效回报期比较少或比较短。

另外，如果把投资行为拉长，则会规避掉一些短期项目，也能规避掉与其他投资者价格竞争的情况，从而让自身投资的安全性获得更大程度的保障。

超额收益存在的依据，主要是安全性、流动性和收益性等三性原则在不同位势企业、不同金融资产、不同投资行为上存在的分布差异，这也为股权投资人的行为选择提供了方向上的指导。同样，资本市场不会对"容易做的事情"给予高估值或时代溢价，只有那些"他人所不能"和"困难中拔尖"的企业，才会有溢价。

第四节　投资的少数派

在任何一个行业，领先的龙头企业永远是少数，而能在产业链上占有独特位势的企业则更少，这些企业会在行业里获得超额收益，也会给投资者带来财务上的超额收益。

在投资领域，只有与众不同的正确思考和行动，才能获得与众不同的回报。股权投资行为也是一种盈利模式，只有少数人能够持续盈利，能够获得超过市场平均水平的收益。为此，股权投资从业者要限定自身的投资行为，划定自己的行为边界，选择做投资的少数派——有所为、有所不为。

为构建有回报优势的投资组合，可以选择一个得到验证的投资策略——长期投资于精心选择的优势企业。具体来说，就是坚持长线思维，从产业逻辑角度出发，找到那些围绕产业位势不断做强做优的企业，以此建立投资组合，进而实现可复制的持续性盈利。

如果把投资思路和标的选择策略相结合，就是：长线思维＋产业逻辑＋优秀团队＝长期投资好企业。

1. 长线思维

依据稀缺性原理，长期资金向来是缺乏的，选择做长期资金应该获取溢价回报，也不会因为投资周期而错失好公司。最核心的一点是，长期成功的投资能享受复利效应。以 ROE（净资产收益率）15% 为例计算：5 年可以实现翻番，赚 100%，而 10 年就能赚 300%，15 年就能赚 700%，如同滚雪球一样，越滚越大，越滚越快。

需要特别说明的是，长线不等于永远，一旦行业或企业发生实质性变化，或科技颠覆、需求萎缩，必须及时退出。从这个角度来看，选择那些能够提供长期快速增长的行业或细分市场就非常有必要。

2. 产业逻辑

企业的价值评估基准是动态的，不是一成不变的，是伴随时代而不断演进的。

第一章 投资原则

股权投资者一定要站在长的发展周期，要理解产业逻辑，分析行业的发展规律和产业链格局的变化；更要关注那些能够符合时代最强音的典型企业，寻找那些能够在产业链中独占鳌头的优势企业，物色那些在产品及技术方面有强大的扩展性及进化能力的成长型企业。

（1）时代企业

大时代创造大格局，大时代带来大机会，每一个时代都有时代特色的最强音，每个企业都无法离开自身所处的时代和环境。改革开放以来，外贸、家电（先"黑电"，后"白电"）、房地产、重化工业、饮料食品、医药、半导体等，先后登上了时代最闪亮的舞台，成为舞台的主角。

随着时代的转换，有的企业退出了历史舞台，有的企业不温不火，有的企业依然基业长青。分析其背后的原因，时代企业所具备的特点一般有两类。

第一类企业能够通过消费升级，适应消费者不断增长的物质和情感需要，实现持续被需要，牢牢把握市场主流。

典型如白酒龙头企业，在可以预见的未来，这些企业依然能够傲立高档市场，能够满足消费升级，并实现与时代同步。而那些无法跟随时代进步的企业最终会趋于萎缩，甚至是消亡。食品饮料行业里诸多地方性白酒品牌、依然以"洗、护、沐"大日化为主的日化品牌等都是如此，因为无法实现品牌"高档化"或"年轻式"，最终不得不陷入经营困境。

第二类企业能够不断通过技术升级，紧跟技术进步的步伐，甚至成为行业内技术的"领头羊"，能够领先于时代。

典型如5G通信技术某龙头企业，在技术标准成熟后大规模推广应用，一举获得了无线通信领域的世界领先地位。而那些技术进步趋缓甚至停滞的行业，其中的企业无法与终端消费者建立直接感知，会慢慢落后于时代，并被贴上"传统"或"周期"的标签。

这两类企业分别通过消费升级和科技创新与时代同步或领先于时代，成为"时代企业"或"后时代企业"，屹立于时代大舞台，也成为资本市场的主角。

（2）产业位势

任何一个企业都不能脱离产业链而存在，小的产业链内有成百上千家企业，而大的产业链则有几十万家企业，这些企业之间存在着千丝万缕的联系。不同企业在产业链中的位势（位置和势能）是千差万别的，占据产业链内关键节点和高位势的企业并不多。

高位势企业有四个典型特点。第一点，高集中度的龙头企业。不能获得高市场占有率，就没有面对竞争对手时的压倒性优势，也就无法体现其高位势。高集中度既是优势本身，更是优势的结果。高集中度的龙头企业未必拥有高位势，而拥有高位势的企业一定是高集中度的龙头企业。

第二点，拥有强品牌力的企业。领导品牌的地位是天然的屏障，是非领导品牌难以跨越的天堑。领导品牌可以是大类市场龙头，也可以是细分市场龙头。一般来说，大类市场龙头必然是细分市场龙头。分析品牌地位的高低，不仅要看企业产品所处某个环节的影响力，还要看其在整个产业链中的影响力。

第三点，拥有较强盈利能力的企业。这充分体现在其高市场占有率的财务价值上。

第四点，处在产业链关键节点上的企业。关键节点可以是产业链的根基或产业链技术的源头，也可以是供应链或技术演进分叉点的关键位置，还可以是产业链的末梢。以 IC 行业为例，Intel 的 CPU 和微软的 Windows 是 PC 产业链的根基，而 Windows 还是 PC 行业软件产业链的源头，ASML（阿斯麦尔）的光刻机则处在 CPU 等芯片制作技术演进分叉点的关键位置。

综上，股权投资者要关注一些新兴的行业，这里有可能会产生集中度高、盈利能力强、品牌力强和处于关键节点位置上的复合型企业，也有很大机会诞生产业位势高的企业。典型的如苹果、特斯拉、iRobot 等，分别在手机、电动汽车、扫地机器人领域创造了新品类，并一举建立起领先的品牌位势，这也是市场对技术先行者的最大奖赏。

在分析企业的商业计划书时，可以沿着其上下游供应链和客户群进行调查。通过对供应链上下游的研究和分析，就能接触和投资那些占据产业链关键节点的标的，这往往会获得意外之喜。

（3）扩展能力

股权投资的盈利主要来源于所投资企业的成长性。所投资企业除了在现有细分市场成长外，能否溢出到其他细分市场或领域，会对投资结果产生巨大的差异。

那些能实现跨越多个市场成长的企业，其在创利规模上的增长空间巨大，如同在长长的雪坡上滚雪球，能够不断拉长企业的成长周期，让企业不断持续成长。如果有幸投资高位势的企业，就会给投资者带来超额的回报。软银投资阿里巴巴获得上千倍的回报，其核心在于阿里巴巴的不断成长，从2B到2C，再到云服务、办公软件等。

3. 优秀团队

所投资企业的最大变数和最可能的变数，往往在经营团队上。经营团队里不仅要有行业专家，还要有强有力的领导者以及不断寻求行业优势地位的战略指引。

要寻找那些有远大目标，尤其是有信念支撑、有创新能力的经营团队，还要有利益共享机制、强有力的内部管理制度和应对经营风险的实践经验。

哈佛大学有一句名言："从来没有一个时代，像今天这样需要不断地、随时随地地、深入广泛地、快速高效地学习。"对企业董事长或实际控制人而言尤为如此，要不断突破自我，不断提升能力。

做投资的少数派,就是要相信好公司有持续成长的活力。这些企业中的翘楚,本身也是少数派,必将成为时代的主角,屹立于时代的舞台。

第二章 时代企业

> 这是最好的时代，也是最坏的时代！
>
> ——狄更斯

"没有成功企业，只有时代企业"（张瑞敏），这不仅是一种总结和提醒，更是一种告诫和警示。企业家不能故步自封，而要与时俱进。

做企业投资分析，必须把企业放到所处的时代和环境里去观察。能够与时代同行或超越时代的企业，才是最值得关注的企业。

能够超越时代的只有科技创新，要关注新时代的科技企业，只有科技企业才能超越时代和引领时代，这些企业会给投资者带来超额回报。

第二章 时代企业

第一节 时代核心资产

新时代颠覆旧时代体现在细微处,往往在不经意间掀起一个崭新时代的浪花,而这个浪花最终会引发山崩海啸。

对有些企业来说,当前可能是最好的时代,未来一片光明;对另外一些企业来说,当前可能是最坏的时代,未来一片灰暗。

要想行远制胜,就必须深刻认识这个时代,寻找当前和未来时代的行业、企业和企业家。最好的投资方向,就是投资那些与时代同步的企业,做成长趋势的陪伴者。而最终的投资结果会奖励那些做对的投资者,惩罚那些做错的投资者。

1. 核心资产

所谓核心资产（core asset）是指为当前及未来社会提供衣、食、住、行、娱等必需产品和服务的商业运营类资产。 核心资产必须能满足人类最基本或最本质的需求，必须能满足人类不断升级的欲望。

核心资产的涵盖范围和资产形态是动态的，不是一成不变的。比如，在古代，驿站系统作为信息传递系统，是核心资产；后来，演变为邮政系统和电报系统，也是核心资产；再后来是有线电话系统，仍然是核心资产；而如今，则是无线通信系统，同样是核心资产。信息传递的需求没有发生变化，但传递信息的载体和手段却发生了翻天覆地的变化，核心资产的内涵也自然发生了翻天覆地的变化。

对于核心资产来说，其所处国民经济中的核心地位决定了其战略定位，这个是客观现实；而是否与时代同步，是否领先于时代，则决定其是否有时代溢价，这个是主观评价。对那些落后于时代的核心资产，如果没有足够的创新或变革，股权投资者很难从中获得超出市场平均回报水平的收益。

2.时代特征

"没有成功的企业,只有时代的企业。"这句话具有普适性,在任何一个历史时期,都会存在核心资产,但这些核心资产能否符合时代要求,能否与时代同步,能否超越当前的时代,决定了其在资本市场上受到追捧的程度。那些有鲜明时代特性的核心资产,则会充分享受这个时代所赋予的"溢价"。

(1)落后于时代

水、电、煤气、高速公路等运营资产在城市化初期出现时,作为一种新兴的产品或服务,享受了与时代同步的荣光,资产的盈利和估值非常光鲜,是与城市化这个时代主题进程相匹配的核心资产。

案例:有时代意义的海底电缆

《疯狂的投资——跨越大西洋电缆的商业传奇》描述了塞勒斯·菲尔德历时12年,驾驶"大东方"号于1866年成功在大西洋海底铺设长达2000英里的海底电缆,把英国和美国连接在一起,也把欧洲和美洲连接在了一起。菲尔德实现了自己的梦想,

> 成就了"无愧于时代的伟大事业"。
>
> 其后数年,"大东方"号又铺设了5条跨大西洋线缆。到1902年,整个地球都被海底电缆连接到了一起。随着海底电缆铺设得越来越多,其"时代性"也日渐消失了。

虽然这些资产在满足居民消费上仍然具有不可替代的使用价值,其核心定位仍然存在,但与时代同步的特性则逐渐消失,慢慢地演变成落后于时代的一类——不再新颖,产品几乎无变化;不再稀缺,是相对充足的必需品。

随着这些无差异的产品或服务逐渐达到市场饱和,市场增速会趋于低速和平缓,这些资产的估值水平就会逐步下移,往往会被视为一类特殊的债券。对于这类资产,由于需求本身比较稳定,竞争格局也相对稳定,在没有出现重大技术突破之前,竞争格局很难打破,进而提供了一个相对稳定的盈利水平。

对股权投资者而言,投资这类资产承担了股权投资的风险,所获得的是接近债券票息型的收益,缺乏时代溢价,难以获得超额收益。当然,如果在顺经济周期中,采取高杠杆收购,也是有可能获得超额收益的。这种方法更多被视为并购重整,与一般理解的私募股权投资有较大差异。

（2）与时代同步

通过产品或服务的不断升级，进而推动行业不断成长，最终实现与时代的同步发展，这也是分析能否与时代同步的必要条件。

最典型的就是消费类行业，比如白酒、零食、饮料等，既能满足消费者当前所需，又通过产品升级来满足消费者更高、更新的需要，与消费升级保持同步。在消费品行业里，如果产品不能更新换代或品牌出现老化现象，那就会日渐趋于落伍，最终丧失时代性。

这类与时代同步的资产，往往能够长期保持高溢价，也是一种能够伴随时代的特有溢价。而且，对于一般消费类产品（如饮料、白酒等），往往不需要太多的固定资产持续投入，现金流和分红情况也都较好，能够为股东持续提供红利，故而特别受基金经理的偏爱。

对于这类需要不断"升级"的企业，在面对和满足市场升级的需求时，这种"升级"不是能够立即实现的，而需要一段较长的普及和覆盖时间。这就给新的竞争对手创造了一个介入的时间窗口，也会在区域市场、年龄层次、新型渠道等方面存在一段市场空档期。在这个时间窗口和市场空档期里，新的竞争者就有可能实现行业性颠覆或创造一个新的细分行业，如调味酒、智能机都是如此。

面对需求升级或行业变革，正如《创新者的窘境》所写的，现有优势企业追求良好财务业绩的内在机制，往往会导致战略上的短视和对竞争对手的轻视，继而一而再、再而三地丧失抓住新机会的时间窗口，直至被颠覆。其战略短视主要表现在对产业位势的认识不够深，重视程度不足等方面。

（3）超越时代

能够超越当前时代的，更多是科技或研发类资产，也有可能是消费类资产。中小型科技企业，往往是超越时代的"鲨鱼苗"，值得关注和重视，它们是现有格局的颠覆性力量。

当前，最典型的就是互联网企业和移动互联网企业，这些企业发迹于（移动）互联网初始，能够引领互联网或移动互联网的发展，进而享受超越时代的高估值。尤其是很多 VC（风险投资）青睐的初创型互联网企业及当前比较红火的 AI（人工智能）企业，都有希望成为超越当前时代的核心资产，能够在未来占据有利位置。

那些能够提供 5G 设备的核心厂家、能够提供创新药的企业，也属于超越时代的核心资产。

当然，任何一类新生核心资产的成长都不是一帆风顺的，在困难中也孕育着机会。尤其要关注那些应用领域非常宽广的普适性技术，这类技术往往会创造奇迹，甚至改变世界。

3. 周期循环

所有股权投资项目都希望能在资本市场上变现，为此，必须考虑所投资企业在资本市场的估值或溢价情况，这在很大程度上影响了股权投资的回报率。

《伟大的博弈——华尔街金融帝国的崛起（1653-2000）》里详细地分析了美国资本市场的案例。在其历史上，不同时代的大牛股都顺应了各自的时代背景和发展潮流。

而当前公认的"传统"行业，都曾经产生过大牛股、热门股，这点对股权投资尤其具有借鉴意义。"后视镜"中可以看到未来，如果我们把很多精力和资金放到这些"非时代企业"上，执着于"价值投资"和"长期投资"，那就犯了"本本主义"的错误。

这些源于估值的"溢价"现象，既有其客观性，如企业经营持续性强、稳定性高等内在支撑；也有其主观性，如对新兴行业和新生事物的高预期等。企业价值首先是一种主观判断，是否符合时代特征会极大影响这种主观判断的结果；其次，价值投资也应是趋势投资，即投资企业的快速成长阶段，不是从头拿到尾，也不是一直拿着不放。再好的企业也会面临诸多波折，甚至遇到颠覆性风险，必须做好投后的跟踪和管理工作。

历史不会简单地重复，但历史有相同的"韵脚"，会给我们一些启示。

一切商业活动都存在内在周期，周期存在的核心原因在于市场竞争和需求演变。一旦商业活动和组织形式无法跟上形势所需，就不得不一路沉沦下去，等待新的创新或新的模式来激发和重塑。作为股权投资者，必然会有"喜新厌旧"的偏好，因为"新"的有未来，而"老"的只有过去。

第一代移动互联网企业群体就属于时代企业，它们推动了社会进步，也改变了这个时代。如果你错过了某个时代企业，还会有其他时代企业可以替补。并不是错过了时代企业，就没有其他好的投资标的了。"沉舟侧畔千帆过，病树前头万木春"，新的技术、新的模式、新的商业一直在孕育——时代企业是一直存在的，或大或小，或多或少。如星巴克能够从肯德基和麦当劳模式中脱颖而出，就是一个很好的例证——商业活动的生命是奔放的，未来一定会更好！

第二节　行业所处态势

虽然股权投资是一种财务投资行为，然而要做好股权投资，必须把自己定位为产业投资者。了解和熟悉产业是财务投资者的基本功，只有先深入了解产业，并在行业发展的大格局里去分析企业的过去、现在和未来，才能真正做好财务投资。

任何一个行业或企业的发展都离不开市场载体。正是由于国内市场巨大，从而为企业的蓬勃发展提供了肥沃的土壤。深深扎根在国内市场的众多企业，逐步长成为"参天大树"，并迈出国门，走入国际市场，甚至走进国际主流市场。

自改革开放以来，国内各个行业几乎都是从追赶状态开始的，"追赶、替代、超越"是中国企业40多年来的典型特征。通过借鉴和对比国际经验，可以更加精准地分析国内企业的发展阶段和发展态势，从中可以源源不断地挖掘新的机会。

值得注意的是，改革开放40余年来，一代又一代消费者在这样的市场氛围下成长和成熟，不同细分市场的消费群体的心智、认知和感受存在巨大的分野。改革开放之初，那些舶来品在品质和品牌上存在压倒性优势，使得部分消费者在认知上对国产品牌形成了较为负面的"刻板印象"，这也给国内企业的"赶超"带来了巨大的障碍。直至当前，国内诸多行业在面对国际品牌竞争时，仍然不得不把"破壁"作为消费者转化工作的重中之重。

按区域划分，可以把国内、国际两个市场作为相对独立的发展空间，国内企业在国内市场天然拥有地缘优势，而在国际市场则面临政策、技术和市场等壁垒，这造成了两个市场之间的巨大差异，也意味着不同的进入壁垒和经营难度。

1. 追赶中的行业

从国家层面的"以市场换技术"战略来看，国内企业的发展过程，一般都是先从下游组装起步（国内企业往往是从低端起步，比如服装来料来样加工），利用自身的市场资源和优势，不断向上游（比如印染和纺织）迈进，并把利润投向科技研发，持续向高端（技术密集型和资本密集型环节，比如化纤）以及制成品方向（比如品牌服装、运动鞋等）拓展。

（1）资源替代策略的获利路径

国内企业的追赶过程，往往是先用劳动力端（组装）来获得利润（现金），再用资金去研发（或收购），从而获得技术上的进步或突破，再用新的技术去获得新的利润，实现商业模式的转型升级。现在在 IC（芯片）、汽车（新能源）、制药（生物药）等新兴行业也都出现了这种现象。

这种策略是对当前可用资源的优化组合，是一种商业运营方式的创新。企业家在综合决策时，在同一个生产函数内，对不同生产要素进行替换和重组，尽可能用当前充裕（便宜）资源（如劳动力红利、工程师红利）替代稀缺资源，以维系或提高劳动生产率。

案例：生产函数

柯布-道格拉斯生产函数最初是美国数学家柯布（C. W. Cobb）和经济学家保罗·道格拉斯（Paul H. Douglas）共同探讨投入和产出的关系时创造的生产

函数，是用来预测国家和地区的工业系统或大企业的生产和分析发展生产的途径的一种经济数学模型，简称生产函数。

$$Y=A(t)L^{\alpha}K^{\beta}\mu$$

式中，Y是工业总产值；$A(t)$是综合技术水平；L是投入的劳动力数（单位是万人或人）；K是投入的资本，一般指固定资产净值（单位是亿元或万元，必须与劳动力数的单位相对应，如劳动力用万人做单位，固定资产净值就用亿元做单位）；α是劳动力产出的弹性系数；β是资本产出的弹性系数；μ表示随机干扰的影响，$\mu \leq 1$。

在数字经济产业中，生产要素的含义发生了巨大变化，比如$A(t)$含义可能不仅仅是技术，还包括数据及数据的算力、算法和传输等，是一种更加综合的技术含义。因此，在科技变革的引领下，要从广义的角度来理解"科技"的含义。

（2）国内市场规模应用的替代

当前，国内一些有技术储备和综合实力较强（所生产的产品中使用计算、存储、网络等芯片）的企业，如果现有终端应用市场（领域）能够提供稳定盈利支撑，未来就会有芯片技术爆发（赶上并超过）的可能性。只要在国内市场上能够稳定实现替代，或者应用端能够拓展，都是一种比较确定的机会（在当前的发展阶段，一些定位为国产替代进口或国际品牌的企业，还有较明显的发展空间）。

案例：替代策略获得厚利的时间窗口

国际产品进入国内市场一般有先进的技术形象，会参照国际市场定价或者采取"撇脂定价"策略，以支撑其较高的成本结构和获利目标。一旦国内厂家能够实现替代，即便在性能上有所不及，但在定价上，可以以国际产品撑起的高价格为参照，从而获得一个相对有利的位置。这个相对高位的价格空间会给最先实现替代的国内企业带来获利丰厚的时间窗口，这也是市场对首仿者的奖励。

一旦国内出现多家可替代的厂家，多家竞争往往会导致国际产品退出市场。如果国际产品退出国内市场，高价格参照系就会丧失，国内厂家所标定的最高价就会成为新的价格参照系（低于原有的高价格参照系）。在这样的竞争格局下，国内市场的整体定价就会出现大幅度回落，行业利润空间也会大幅度缩窄。

> 以燃气热水锅炉行业为例。最初，国内企业的燃烧技术及部件皆从国外采购，价格昂贵且不得不用，这导致燃气锅炉整机的价格居高不下。随着国内个别龙头企业通过研发实现了技术突破，达到并接近国际先进技术，市场上出现了国产核心零部件的燃气锅炉产品。然而，其整机定价（采取功率定价模式）并没有出现明显下降，少数龙头企业充分享受了在市场高价格参照系下，采取高定价策略带来的丰厚利润。
>
> 随着国内数家同行在小功率燃烧技术上的突破，小功率热水锅炉细分市场的定价也随之逐渐下降，利润空间大幅度缩窄。与此同时，国外同类的小功率产品已逐步撤出国内市场，而国内小功率产品则开始在境外市场崭露头角。

正在追赶中的行业，存在两个增长机会：一是进口替代（进口+国产=国内产品市场的总体规模），二是直接出口国际市场（可能需要更长的时间）。

2. 追赶上的行业

经过几十年的追赶,国内的家电、轻工、工程机械、水泥、钢铁等行业逐步获得了(规模为主,技术次之)国内市场领先地位。这些行业都有个比较明显的特点:**行业迭代或创新技术变慢,其中,不少行业被贴上了"传统行业"的标签。**

从目前发展态势来看,除了少数细分领域外(如家电领域的扫地机器人),这些行业在国内市场大部分增速都在见顶(如彩电、冰箱)。这些已经完成追赶的行业,不仅是技术上的追赶(或并购),还通过运营效率提升(包括对国内市场本地化需求的熟悉、渠道下沉等)获得了竞争优势,依托国内的产业链集中和规模经济性优势,逐步占据了国内市场的主流地位,并开始大规模出口[包括OEM(原始设备制造商)和ODM(原始设计制造商)方式]。

这个类型有两个增长机会:一是国内市场内生增长(增速可能不大,甚至下降。消费升级与品牌档次提升是主要发展方向)与行业集中度提升;二是出口国际市场(可能已经开始出口,甚至成为区域市场的主流厂家之一;或通过并购国际品牌实现"出海",以及通过OEM、ODM方式"借船出海")。

3. 同步发展的行业

随着中外科技、经贸和文化等领域的交流日益频繁，在一些新兴的行业里，如互联网行业中的电子商务、即时通信等，都是同步发展起来的。这些商业模式创新或技术创新大部分来自国外，国内许多企业通过政策优势及创新扩散带来了技术同步，再叠加较高的发展速度，获得了相对领先的态势，并开始走出国门，如支付宝、微信、抖音等。

另外，在移动通信设备领域（技术不断迭代，快速进步的行业），也有像华为、中兴这样逐步打进发达国家市场，并获得同步发展机会，甚至实现了行业领先的企业。

这个类型有两个增长机会：一是国内市场内生增长（增速可能很快），二是出口国际市场（可能会遇到政策性或文化类障碍，从而失去先机）。

案例：WhatsApp 和 WeChat

WeChat 在 2011 年面市，腾讯公司在国内市场花了很多精力；而 WhatsApp（2009 年 2 月推出，9 月转型为通信工具）在产品初步成熟之后，直接推广国际版，抢占了欧美、南亚、日韩等国际市场的用户。待 WeChat 的功能相对完善后，腾讯发现国际市场已经很难再去占领了（社交工具软件的黏性使然）。2013年腾讯曾试图开价40亿美元购买WhatsApp未果，Facebook在2014年2月以190亿美元并购了WhatsApp。（彼时的WhatsApp仅有5年历史，员工数50人）后文也会提及要关注有终端客户群优势的科技企业，一旦先发者树立了品牌优势地位，后来者就会比较被动。

目前，国内第一代移动互联网企业的国际化程度往往不如硅谷的公司（Facebook、Google等），而新生代企业国际化程度正在逐渐加速，未来成长空间更为广阔。

4. 国内特有的行业

中国文化源远流长，历史悠久，由此产生了浸透着中国传统文化的特有行业，如白酒、中药、笔墨纸砚类文化用品、戏曲和中式服装等。

这些行业的优点和缺点都很明显，优点是国内企业获得了市场领先地位，这主要源于文化认同方面的领先；缺点则是很难走出国门。

国内企业在面对国内消费者的刻板印象时,会在产品或服务方面另辟蹊径,嵌入或采用中国特有的文化元素,强调或提升文化内涵;或针对中国特殊的应用场景进行改良,从而获得一批新生代消费者的认可和信赖。

这种类型有两个增长机会:一是国内市场的内生增长(增速可能不快),二是出口部分国际市场(障碍可能非常大)。

从成长空间来看,仍处于追赶中的行业成长空间最大(国内+国际市场),而已经完成追赶的行业未来成长空间就稍弱(国内市场已经被占领)。这两类行业的机会比较容易看清楚(也要参考行业本身的成长性),也比较容易研究和分析国内企业是否在正确的方向上前进。

对于国内外同步发展的行业,这个研究难度会大一点,但这些企业一旦获得成功,未来的空间则会非常巨大。

对于国内特有的行业,如中药或白酒,国际市场的拓展难度非常大,这些障碍背后更多的是文化因素。**除非我们的文化更加占据主导地位,否则这些产品很难走上国际主流市场,只能另寻他法。**

一般来说,消费品要能成功走向国际市场,必须要有强势的文化(品牌)认同或技术先进性做背书。许多国际奢侈品,如服装、箱包、化妆品等在国内畅销无阻,既是携"舶来品"的先声夺人气势,又是凭借强势的奢侈品文化的东风。国内消费品生产厂家,通过并购国际知名或历史悠久的品牌、与欧美奢侈品品牌合作,打联合品牌、联名品牌或联名产品,最终在国内销售情况非常不错,也是借了强势文化的东风,利用了消费者认知中的"刻板印象"。

第三节　行业空间格局

投资要选好赛道、赛车、赛车手，选行业就是选赛道。

行业分析的目的是找到参照系，以获得借鉴。行业之势，是可以选择的"势"，是基于需求爆发和延续的势。"风口上的猪"这一说法曾经很流行，这个"风口"其实就是一种行业趋势。一旦"风"（增长趋势）来了，赚钱的机会挡都挡不住，顺势而为就能获得最大收益。

最重要的是找到行业发展规律，并通过分析行业当前的发展时点和状态，预判下一阶段的发展方向、分析企业当前发展策略的对错、了解资源的瓶颈及解决之道，也就是所谓的前瞻性。风口不会只有一个人知道,也不会只有一家企业感知,哪些企业能在风口中跑得更快、跑得更远,就要依托行业分析,找到那些行动举措符合行业发展规律的企业,而且是能够不断创造新成绩、新结果的企业。因此,从那些与时代同步(或领先于时代)的核心资产里选择,可能是做股权投资最大的一个"势"了。

具体到不同的行业,不仅要分析其成长空间、景气程度、行业集中度和细分市场,还要了解时代特性和产业链的具体情况。

1. 成长空间

成长空间(包括国内外市场)可以用行业规模总量来衡量,做投资最希望能够找到长长的"赛道"。企业发展需要不断迈上新台阶,而成长空间则会制约企业的最大可成长规模。如果行业的规模总量大,就可以提供充足的发展空间。企业沿着现有的产品路线实现充分扩张(更快的速度和更长的周期),这样的发展路径或模式最为顺畅。

如果企业在进入细分市场时还具备了一些扩张资源,企业就能跨细分市场扩张,这不仅在增长速度上提供了一个加速度,而且打破了原有成长空间的限制,提供了更加广阔的成长可能。

案例：国内汽车市场

近几年，国内汽车行业每年实现2800多万台乘用车销售，新车销售市场规模总量接近4万亿元，而整个汽车产业的总产值在2018年就超过了9万亿元。如果再加上国际市场，则空间更为广阔。

在国家推出新能源汽车补贴政策后，各路资本纷纷杀入新能源汽车产业链，尤其在新能源整车领域，形成了一股造车"新势力"。各路资本认为行业变革的时点已经来临，行业空间十分巨大，存在广阔的成长可能。有分析人士认为，新能源整车会如同智能手机，体现出良好的扩展性。

智能手机作为一种智能移动终端，已逐步扩展到信息浏览、社交、办公、娱乐、支付等诸多场景，颠覆了电影、电视、音乐、购物、支付、游戏等行业。而新能源汽车作为一种智能移动空间，也会颠覆如办公、娱乐、出行等行业，展现一种潜在的尚未实现的扩展性。

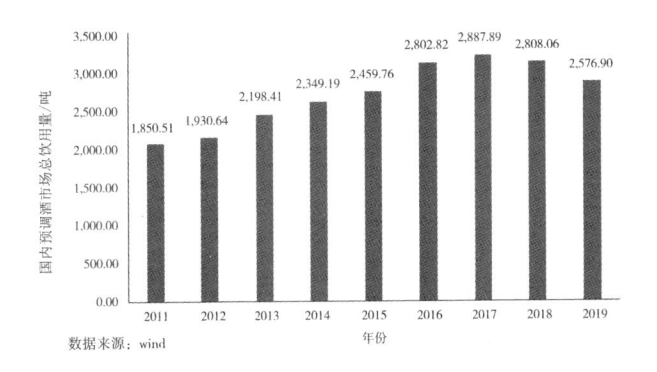

[图表：2011-2019年国内预调酒市场总饮用量/吨]
- 2011: 1,850.51
- 2012: 1,930.64
- 2013: 2,198.41
- 2014: 2,349.19
- 2015: 2,459.76
- 2016: 2,802.82
- 2017: 2,887.89
- 2018: 2,808.06
- 2019: 2,576.90

数据来源：wind

2011-2019年中国汽车销量（万台）

2. 景气程度

行业景气程度可以用行业增速来衡量，可以参考行业成熟度曲线或行业周期理论。如果行业增速是100%，那么，3年后就是原有市场规模800%的空间；而如果行业增速降低为50%，3年后就是337.5%的空间，少了一大半。一旦行业增速降低到个位数，甚至是负增长，必然导致行业内竞争状况进一步加剧。

（1）行业增速高低，影响所投资企业的安全性

在行业快速增长时期，企业之间的竞争如同排位赛，结果是行业排名的先后；在行业增速下降或负增长期，企业之间的竞争就是淘汰赛，结果是生与死的较量。所以，有较高增速的行业就变相为投资者提供了一种资金安全的保护，所投资企业的持续性会比较强，持续时间也比较长，能够享受行业增长带来的利润。

案例：国内白酒市场

从白酒市场发展可以发现：2011年后，塑化剂叠加"三公"消费管控，整个市场的生产量稳中有降，但市场高端化趋势却扎扎实实地复苏了——消费升级带动了高端品牌酒的发展，一般酒厂如果不能成功升级，即便已经占有的区域市场也会被进一步压缩。

一般说来，在行业成长期，比如营收增速大于20%，后来者仍然有机会实现超越，甚至行业排名3~5位的企业都有机会。而在行业成熟期，如果营收增速小于5%，只有细分市场或领域的前1~2位企业才有机会持续稳定获利。当然，如果能额外开辟一个细分市场，则会诞生新的机会。

（2）行业发展增速的剧烈波动——"过山车"

很多行业在快速发展过程中，往往会经历一段"过山车"的走势。究其原因，是市场机会诱发的产能急剧放大，或是政策诱发的产能急剧放大后，突然遭遇需求的萎缩（往往是刺激需求的政策或举措失灵）或是负面消息导致的需求萎缩。

国内白酒行业在1997年之后，经历了7年的下降期。究其原因，是1997年之前，市场氛围持续走好，不断有新入者进场，不断增加行业产能。为了能够快速动销，整个行业如"打鸡血"一般宣传、促销，透支了行业需求（产能远远超过实际需求）。这种疯狂促销的模式既推动了行业发展，也为行业危机埋下隐患。国内预调酒市场亦是如此，最终是"洗洗更健康"，能够留存的龙头企业是经历恶性竞争的胜利者，也是值得重点投资的企业。

这种行业被"催熟"的过程，有的是自发的，比如白酒行业和预调酒行业，外部资本发现了商机，主动介入导致阶段性产能过剩，进而走了一段行业增速"过山车"曲线。有的是政策催熟的，如国家新能源政策补贴使新能源车遍地开花，各路资本纷纷涌入新能源产业链，产业总规模出现了"井喷"，而待政策"退坡"后，那些技术实力不足、赚快钱的资本都沦陷了。还有的是先入者抢先揽客，移动互联网时代的打车软件、共享单车等即如此，先入局者通过吸收外部资本，通过补贴、打折等促销活动，大规模揽客，抢先催熟市场，抢先占领市场的优势地位。

案例：预调酒市场的"过山车"

2012年前，预调酒行业处在市场的早期培育阶段，随着进口预调酒品牌进入中国，国产品牌如RIO等开始了探索和发展之路。2005年以后，国内品牌如百加得、RIO、红广场等，凭借更多的品类、更时尚的包装和更适合国内人群的口味，在销售规模上逐步取得了对全进口品牌的优势。但从整体来看，预调酒在进入中国市场的前15年间一直处于市场培育阶段，直到2012年，我国的预调酒消费量也仅为3.2万千升，相当于同时期啤酒消费量的1/1500。

2012年之后，随着行业头部企业投入的加大，预调酒开始在热播的影视剧和综艺节目中频繁出现。百加得、RIO等品牌的知名度随着成功的事件营销而获得大幅提升。预调酒行业的快速发展，吸引众多企业在2015年前后尝试进入该行业，包括茅台、五粮液、洋河等白酒龙头企业，都开发了自己的预调酒产品。还有一批中小企业开始生产预调酒，市场随后转入无序竞争状态，也为行业后续的崩盘埋下了隐患。

从2016年开始，行业出现快速回落的现象。一方面，企业高估了消费者对预调酒的接受意愿和接

> 受能力；另一方面，尝鲜式消费不可持续、产品质量参差不齐等现象，导致产品复购率无法迅速提高。最终，造成了严重的库存积压。
>
> 数据显示，2016年行业销量规模下降了33%，2017年继续同比回落12%，2015年前后进入的企业已基本退出市场，行业竞争格局又发生了重大变化。

如果终端消费品的产业链比较长，如电子类消费品（也是终端消费品），那么，其上游的产业链就会因需求变动而变化得更加剧烈，这就是"牛鞭效应"。所以，一定要分析这种下游需求突然爆发带来的"繁荣"成色如何，是否可持续。**业务的持续性和成长的持续性，是股权投资分析的重中之重。**

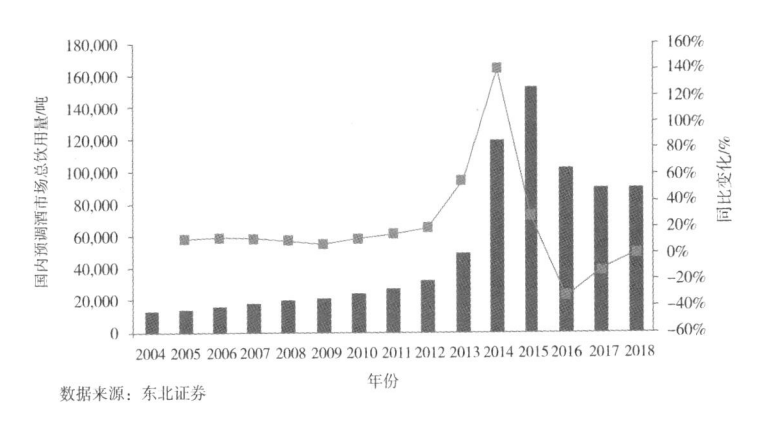

数据来源：东北证券

国内预调酒市场总饮用量

（3）行业景气程度的未来发展空间

国际市场同类产品的相关数据（渗透率），可以为国内市场的最终发展空间做一个外推预测。很多研究报告在分析国内汽车行业市场的未来空间时，往往会使用欧美发达国家的汽车百人人均保有量数据，作为一个分析参考指标。而这种来自其他国家的借鉴指标，离不开各个国家的购买力、文化因素、市场结构等方面的影响，一定要慎重对待。

一般来说，在渗透率较低时行业增速较快，未来成长空间也较大；一旦渗透率接近饱和，则竞争必然加剧，也会加快企业的淘汰速度，形成更加集中的竞争格局。

3. 行业集中度

行业竞争格局可以用行业集中度（concentration ratio）或市场占有率来衡量。所谓大树底下不长草，龙头企业的市场比例一旦超过40%，甚至形成双寡头竞争的格局，其他后序企业的日子就很难过了。

有个诺维格定律：当一家企业在某个领域的市场占有率超过50%以后，将无法再使市场占有率翻番，则必须寻找新的市场。这说的既是成长性，也是竞争格局。

（1）行业集中度提升是大势所趋

总体来说，从行业诞生到成熟，集中度提升是大势所趋，虽然其中有些波动，但最终都是趋于集中的。行业内外时刻存在维系和变革的冲突和矛盾,一旦有创新力量强势介入,则行业的格局就会发生新的变化。有巨大创新且生命力顽强的新产品诞生,就会源源不断吸引跟风者参与,进而导致创新的力量越来越大,直至达到新的均衡,如此循环往复。

案例:国内重卡市场的集中度

2018年,国内重卡市场的市占率在80%以上,分别为一汽、东风、中国重汽、陕西重汽、北汽福田等。这些厂家都是国产品牌,在重卡领域国内厂家已经实现了赶超。而在轿车领域,国产品牌市占率在50%左右。

轿车市场和商用车市场有个很大的差异性在于,一个是消费品,一个是商用品。商用市场的购买者更加理性,竞争的关键是"性能+价格+服务";而消费品市场则主观性更强,决策因素不仅仅在价格上,口碑和形象也很关键。况且,国内舆论一直存在"技不如人"的"刻板印象",这其实也是一种不自信的表现。所以,国产轿车(内燃机路线)如果不能在"技术实力"这个印象分上实现突破,就很难打入高档车细分市场。

> 近5年来，国家一直在大力推广新能源汽车，然而高端市场仍然被特斯拉（电池路线）牢牢掌控。而国内传统汽车厂家也推出了不少新能源汽车款式和型号，但在品牌档次上仍然未能实现突破，始终无法跻身高端品牌阵营。还有一些国内的造车"新势力"，试图从零开始创造一个新的品牌，而从目前的市场销售和品牌美誉度来看，依然任重道远。

（2）集中度提升后上下游企业面临客户/供应商依赖

从另外一个角度来看，行业集中度的提升，对上下游企业来说，就会出现大客户依赖或大供应商依赖的现象，这也是一种位势上的弱化。

案例：大客户依赖现象

> 生产MLCC（multi-layer ceramic capacitors，片式多层陶瓷电容器）的主要原材料是60~200纳米级的纯镍粉，能提供小规格纳米级镍粉的全球供应商在10家左右，能够规模化供应的不超过5家，行业集中度非常高。

> 三星电子作为全球大 MLCC 生产商之一，其镍粉的供应商队伍也较为集中，三星与客户建立了相互依赖的关系。这样，三星供应商的发展就和三星捆绑在了一起，既受三星制约，也会影响三星供应链的稳定。
>
> 对于三星的镍粉供应商而言，这种大客户依赖，尤其是互相依赖的关系，是非常稳定的。同时，自身的发展空间也会受到限制——其他 MLCC 厂家，如果有选择的话，就不会给它大订单。
>
> 鉴于 MLCC 的市场需求相对稳定，三星也会尽力保障供应关系的稳定，在价格上也会酌情予以考虑。

（3）价格战是产业集中度提升的利器

随着行业成熟度的提升及增长速度的下降，"价格战"一定会被企业所采用。

价格战的诱因，往往是产能大于需求；而价格战的焦点，可以基于技术，也可以基于品牌。如白酒行业的"杀价"现象往往在低端市场展开，而高端细分市场则纷纷"提价"以标榜品牌定位。

价格战会冲击所有企业的毛利率，会大幅度减少行业的总体盈利能力。在价格战中，一些弱小的竞争对手会最先被击穿生存底线，进而被淘汰出局。

案例：价格战

价格战在中外商战中都不稀奇。

以可口可乐和百事可乐为例。20世纪50年代末，百事可乐开始采取有针对性的价格战手段，如"大瓶装""家庭装"等，变相降低价格以促销。而随着百事可乐市场份额的不断提升，可口可乐不得不正面回应。在双方激烈竞争10年之后，其他可乐厂家市场占有率持续下降，从37.7%下降到29.5%，两家公司也开始缓和价格竞争。从1989年起，两家公司把软饮料价格提高了3.3%，并宣告价格战结束。

2000—2004年，奥克斯发起了国内空调市场的价格战，2004年行业均价比2000年下降了约40%，厂商利润大幅度萎缩，格力和美的的利润率也受到了挤压。价格战结束后，行业集中度提升，空调品牌从200家减少到不超过100家，格力和美的开启了10年的垄断红利期。2014年1月到2016年5月，空调行业又开始了第二轮价格战。

价格战是"剩"者为王，市场激烈竞争后留下来的第一或第二名企业，其利润率在价格战停止后会有所反弹，盈利能力也会大幅度回升。在集中度提升后，行业龙头企业提高了内部运营效率，提升了对上下游资源的占用程度，进而获得了定价权的独特优势。

4. 细分市场

行业可以分为诸多细分市场或利基市场。在家电领域，有电视机、电冰箱、洗衣机等；而洗衣机又可分为滚筒、波轮两种；在滚筒洗衣机中，还有带烘干或其他特殊功能的产品。

可以通过分析市场规模的大小，区分主流市场和非主流市场。比如，家用空调市场就远远大于电视机市场，一个家庭空调可以装2~3个（空调是刚性需求），而电视机往往是1~2个（看电视已经成为选择性需求，还面临电脑、平板和手机的冲击）。而且，空调的货值也高，这意味着空调行业能成长出更大的企业。

对于追赶者或新进入者，选择一个好的利基市场，并由此获得自身的根据地是比较稳妥的策略。比如国产品牌老板电器（厨房电器），就选择切入厨电细分市场，逐步

案例：戴森与特斯拉

戴森公司在介入家电业务时，所选择的都是非常成熟的产品及行业。从戴森成立至今，先后推出吸尘器、烘手器、空气风扇、吹风机、扫地机器人、卷发棒等，这些产品都不是戴森发明的，有些已经存在了数十年，但都被戴森改造或颠覆了。

戴森依托其在风机（吹风或吸风）上的核心专利（电动马达），再加上"炫、酷、科技感"的设计与外形，以其"昂贵"的定价，占领了一个又一个小家电产品的高端市场。这些高端市场都成为戴森的利基市场，也是利润最丰厚的细分市场。

特斯拉公司进军新能源汽车，首先从跑车这个高档产品的细分领域入手，或多或少也是受了其他科技企业的启发。不得不说，特斯拉在高档品牌的打造上，效果非常好。特斯拉已经成为高档新能源车的典型厂商和代表品牌了，成为20余年来唯一实现规模销售的新兴豪华汽车品牌。

相比之下，国内新能源车首先扎根商用车细分市场，利用"省钱+补贴"的定位，占领低端市场作为利基市场。这种扩张模式也符合《创新者的

> 窘境》里所提出的突破性技术的扩散路线。国内汽车厂家所生产的乘用车，偏向"性价比"，放弃了占领高档细分市场的机会，也放弃了利润最丰厚的市场。而那些"新势力"，如蔚蓝、威马等，则以"初生牛犊不怕虎"的精神，去挑战高档细分市场。
>
> 轿车作为一个消费品，其品牌打造有内在特性，试图从性价比的角度去打造未必能成功。而要更多考虑一些感性因素，主动考虑消费者非理性认知等情况。

战胜西门子等国外品牌，成为行业龙头，并牢牢守住了高档品牌的位势。

选择利基市场的优点是容易扎根，以资源聚焦策略获得成长。缺点是利基市场本身属于一个大领域的细分市场，如果利润总量不足，则必然缺乏足够的资本积累；同时，又不得不面临向其他领域扩张的挑战，而扩张能否成功则面临较大的不确定性。

对于那些主动选择低端市场的品牌一定要慎重决策，建立一个品牌如同爬坡，不进则退；而"退坡"的品牌，很难再回到高端的位势上。而且,从行业的利润分布来看,一定是中高端品牌的利润更加丰厚,它们是支撑行业利润总量的中流砥柱。

> **案例:扫地机器人市场**
>
> 扫地机器人市场是一个新兴产品市场,这是一个典型的消费升级产品,国内厂家也是以后入者身份进入该市场的,多是处在行业追赶者的地位。
>
> 国内部分厂家以"代工+ODM(即original design manufacturer,原始设计商)"的身份完成了原始积累,便开始尝试在国内推出自主品牌。其中,有些企业会考虑以成熟机型和规模化量产的低成本优势,通过大规模低价促销和电商新兴渠道,抢占低端市场。
>
> 然而,扫地机器人这个行业技术竞争趋于缓慢进化阶段,在没有突破性技术出现之前,竞争的关键聚焦在品牌忠诚度、生产成本(含研发)和市场效能提升上。
>
> 如果尝试以低价撬动市场,那是希望通过市场下沉来扩大市场总规模;但是,市场下沉的代价就

> 是利润率的下降、品牌档次的下降和利润空间的下降。而且,品牌地位的下降,对品牌的伤害是颠覆性的,也是很难挽回的。

另外,一定要关注主流市场的消费升级趋势,随着消费者购买能力的提高,对产品品质和品牌的诉求也会水涨船高。因此,不能认为在某个细分市场扎根,就一定会实现可持续经营。同样,现有的非主流市场会逐步升格为主流市场,成为行业最大规模利润之所在。

以国内高档酒店行业为例,此细分市场一直是盈利的,而中低档市场的盈利则比较不稳定。中国酒店业的发展是逐渐从低星级向高星级过渡和升级的过程,随着主流市场所消费酒店星级的逐步提升,那些低星级酒店就难以为继,最终大部分不得不改变自身的商业模式,从全服务模式改为经济型或主题型的有限服务模式。

同样的还有化妆品领域。改革开放后进入国内的新型洗护日化产品和国际品牌,给消费者带来耳目一新的体验和感受,国内产品与之相比产生了巨大的"落差感",国际品牌企业赚得盆满钵满。随着国内日化产业链的成熟和工艺的提升,国内新品牌在洗护日化领域崛起,两者的感观差距明显缩小了，该细分市场的盈利能力也大幅度缩小了。与此同时，这些洗护日化产品的"时代性"也接近消失了，反而护肤品、彩妆和香水等细分市场，成为日化领域的新兴市场，不断挑战主流市场的地位。

第四节　科技引领时代

科技是第一生产力，科技推动了供给端的革命，也创造了崭新的消费新时代。

1. 科技超越时代

能够超越时代的往往是科技创新。

以上市公司市值为例，谷歌达到1000亿美元市值花了7年时间，而微软花了22年，GE（通用电气）则花了103年。2000年左右，微软和英特尔被认为是黄金组合，市值很难被超越，但脸书、谷歌、亚马逊还是脱颖而出。2007年中石油、工商银行的巨大市值被认为很难超越，但阿里巴巴和腾讯还是先后超越了。

虽然有通货膨胀和全球化市场的因素，但新科技企业对老牌企业的颠覆和超越，从市值突破的角度来看是越来越快的。那些被颠覆的科技企业，往往会落后于时代，也会越趋于"传统"和"周期"。

分析美国资本市场200多年的历史，可以发现不同时代的大牛股，它们都是顺应了时代背景和发展潮流。即便当前被视为传统行业的钢铁股、航运股、铁路股等，也如同今天的芯片股、新能源股一样，都是当时新兴的"科技股"。

从全球市值前10大公司的组成也可以得到同样的结论，2019年是以微软、苹果、亚马逊为代表的7家互联网公司占领榜单。在互联网或移动互联网时代，信息载体不再是基于原子级（以兽骨、石板、竹简、纸张、光盘、硬盘等为信息载体）的流动，而是基于比特级（Byte）（以架设完毕的光纤、电缆或真空为传播载体）的流动，以近乎光速传遍全世界，从而开拓了新型的信息流服务及以此为载体的增值服务。

当前，围绕互联网和移动互联网的科技创新，仍然是时代的核心主题之一，仍有可能在谷歌、亚马逊等参天大树的遮蔽下，成长出新的大树。这种"轻资产+高黏性"的商业模式甩掉了线下沉重的固定资产，进而以超出过往商业模式的"闪电式"发展速度,打破原有的边界。

2. 技术变革速度

在技术密集型行业中,对是选择处于追赶阶段的企业,还是选择暂时领先的企业,核心看行业的变革速度和追赶企业的优势环节。

(1)如果行业处在剧烈变革中,尤其是技术创新或突破频频发生(尤其是跨越技术轨道的模式),行业领导者的领先优势就容易被颠覆(如苹果颠覆诺基亚),追赶者实现超越的关键是技术先行突破,只有这样才能占领市场。

(2)如果技术变革快,而且并没有发生轨道跃迁,追赶的难度就非常大。比如,IC制造环节的高端制程工艺在技术演进上就是如此。先进制程持续演进,追赶者需要不断在工艺研发和生产设备上加强投入,拼技术、拼资源、拼设备,其经营难度也是越来越大。

(3)如果行业技术变革缓慢(技术进步是线性发展),则更多是通过运营效率(包括需求差异化)获得局部市场优势,进而利用并购或其他商业手段获得进一步的优势。如果追赶者一旦具备了相应的效率优势,往往就能实现超越。落后者实现超越的关键往往是运营效率和市场差异化需求的满足/响应程度。

同样,那些技术变革相对缓慢,甚至趋于停滞的行业,其科技的"成色"就会下降。正如硬币的两面，科技变革快的行业难以研究和分析，却有能创造超额回报的机会；科技变革慢的行业相对容易研究和分析，但缺少时代性溢价的机会。

3. 行业演进趋势

行业演进趋势（方向）是存在多路径的，除了技术因素外，还有市场因素。如果仅就技术因素分析，需要一些专业知识来支撑。

如医药行业的创新药，空调行业从定频到变频，电视机从 CRT 到 LCD 再到 OLED 等，不同行业是不一样的。白色家电行业做智能化技术开发好多年，最后还是没有一个明确的趋势，这种情况在其他行业也存在。

另外，即便是同一产业链中的不同环节，技术成熟度、成长性和变革方向上也存在巨大的差异性，这点尤其要注意。比如，在彩电产业链上，屏幕的技术演进非常频繁，从 CRT 到 LCD 再到 OLED，还有可能到 Mini LED。而支撑电子工业的电阻、电容和电感等基础元器件，技术变化就缓慢得多，更多的是在材料、体积和性能上的进步。这些元器件种类五花八门，品种繁多，但两者的技术演进逻辑是截然不同的。

自改革开放以来，国内很多行业都是 copy to China，以追赶者的角色迈入市场,进而用发达国家的产品和技术做指导。而随着建设创新型国家战略的持续推进,尤其是移动互联网行业的兴起,诞生了许多新型商业模式,开始实现copy from China的案例了,我们某些领域进入了"无人区"。

行业分析至关重要,只有看懂行业才能看懂企业,掌握企业经营的本质特征。如果行业选错了,不管如何折腾都可能是白搭,浪费了时间和资金;如果行业选对了,企业即便不是最佳选择,但"形势比人强",或许还能获得不错的收益。

第三章 产业位势

> 凡有的，还要加倍给他叫他多余；没有的，连他所有的也要夺过来。
>
> ——《新约·马太福音》

任何一家企业都离不开其所在的产业链，产业链中上有供应商、下有服务商或顾客，还有竞争者、合作者等。为此，需要把企业放到产业背景和产业链中去分析。

企业围绕产业链进行扩展，构建竞争优势或壁垒的商业策略，不仅有现实意义，更有理论意义。

获得高产业位势，不仅是为了获得当前的龙头地位、领导品牌、盈利能力和关键位置等，还意味着会有更多的机会、更多的成功。

第三章 产业位势

第一节　构建产业链优势

唯有产业链优势是有现实意义和可操作价值的。

企业之间的竞争是永恒的，不管是领先型企业，还是追赶型企业，都要不断思考企业的发展战略，都要考虑如何持续增强竞争优势，以应对不断涌现的竞争对手。企业发展战略的内容，包括发展方向确定、资源聚集、投入节奏安排、产品和服务改进等方面。其中，重点是在发展方向上，这很大程度上决定了企业的未来和前途。

任何一个企业都有能力边界，也有业务边界，都离不开支撑自身运营的产业链。为此，企业对发展方向的选择，必须建立在对所处产业链的整体综合评估上,寻找最富有价值或潜在机会的切入点。从增强竞争力的角度来看,以现有立足点为基础,围绕产业链上下游,构筑产业链优势,才是制胜之道。

产业链优势或产业位势,是指企业在产业链中的地位,包括位置和势能两个方面,在纵向和横向两个维度,对产业链整体发展的影响力和控制力。产业链位势不局限于企业所处的环节,及所处直接竞争的经营边界。从长线思维的角度来审视,企业所做的任何无法构建产业链优势的长期性投资行为,不仅不是战略性的,还会浪费公司现有的稀缺资源,甚至会丧失未来的机会。

对现有企业而言,构建产业链优势的方向有:提升企业在产业链横向环节的竞争相对优势、纵向环节的议价相对优势和在产业链整体中的位势。

1. 抓上游供应链的关键环节

以制造业为例,对一个制造型企业而言,如果不考虑资金、人才等供应,其供应链可大致分为两类:第一类是原材料和零部件供应链,第二类是生产与服务所需相关设备供应链。

(1) 上游核心零部件或软件

对于一些追赶型企业来说,如果不满足于做一个组装厂，必须向上游硬科技突破，切入一些关键而核心的零件、器件或部件，这是一个非常重要的途径。

案例：计算机与通信行业

国内 PC 行业已经发展了 30 多年，而国内 PC 企业一直未能在 CPU 芯片、内存芯片、显卡芯片等核心或次核心硬件系统，以及系统软件、应用软件等核心或次核心软件环节实现有效突破或布局（成为行业领先者之一）。反而不少国内 PC 企业在做跨界投资，从事一些与主业不相干的投资行为，在财务投资这条路上走得很远。

而国内通信行业企业，则不断沿着产业链向上游关键环节拓展，如芯片、射频、网络等核心器件，甚至布局了手机操作系统、手机文档处理系统等。

国内很多企业在创立时选择从贸易起步，先求生存，再图发展，但最终在发展结果上却差异很大。这个差异，既与企业自身有关，如经营层的格局、认识和理念等，也与当期的盈利压力有关，还与外部产业链的配套成熟程度有关。

国内白酒企业抓优质原粮基地，通过把控良种提供、签订长期收购协议等方式增强控制力。这些不可再生或难以短时间扩大产量的原材料，都是产业链上游的稀缺资源，不去占领就会被竞争对手占领，进而失去护城河。20 世纪 90 年代初，有几个通过央视广告崛起的白酒品牌，就因为被爆出"原酒外购"的重大利空，品牌的核心价值被击穿，最终成为"流星"而陨落。

案例：特斯拉的选择

打开特斯拉汽车车门，最引人注目的是中控大屏，在这块大屏背后可以发现特斯拉的选择。

从软件系统的选择来看，特斯拉并没有选择功能性非常丰富的 Android 操作系统，而是选择了原生 Linux 操作系统，并进行了二次开发。其中最重要的考虑就是避免将来受到谷歌的限制，这也增强了系统与车辆的兼容性和融合度。

从硬件系统的选择来看，特斯拉自动驾驶系统是非常核心的一个硬件系统，尤其是摄像头数据的子系统，需要高算力和高智能的芯片支撑。特斯拉于 2017 年 4 月推出 Autopilot 2.5 系统硬件，搭载的主要芯片都来自英伟达，而于 2019 年 4 月推出的

> Autopilot 3.0系统硬件则搭载了自主研发的高算力芯片，在硬件技术上实现了自主和超越。
>
> 特斯拉先选择软件系统的自主，又替换硬件核心系统（研发耗时超过5年），已实现智能操控软硬件系统上的自主，体现了公司的危机意识和占据行业高位势的卡位意识。

（2）上游核心设备

对一些生产或服务所需的关键设备，最好也要有所布局或增强控制力。如果企业主动放弃对外采购生产或服务所需的核心或次核心设备，而选择自行设计或委外加工，那该企业在主要设备的技术吸收程度、成本花费及生产效率上就有可能占据相对优势的地位。

案例：核心设备对竞争力的约束

> 近5年来，台积电不断通过技术和设备的超大规模投入，持续增强芯片制程方面的领先幅度，增加自身的竞争壁垒，给竞争对手带来了非常大的压力。

> 台积电在芯片制程上领先的关键点，是能够首先拿到ASML（阿斯麦尔）的新一代光刻机（该机器的产能有限），能先行开展生产测试和工艺研发，进而持续领先其他厂家，抢先占领甚至大比例占领高制程细分市场。

企业家如果不断围绕关键环节投入，伺机突破并占有一席之地，就说明竞争意识和忧患意识相对较强；而如果一直满足于接受关键环节的供应，则说明危机意识和生存意识相对较弱。

为何会存在这种战略意识方面的差异呢？既可能是企业家的雄心和进取心上的差异，也可能是高估了商业竞争的"公平"因素，还可能自认有一定的"反制"能力。总体来看，如果没有一定的"反制"能力，就没有所谓的"商业公平"，合作的持续性也就得不到保障。在商业竞争中，一定不能高估竞争对手的底线，否则会吃大亏。

2. 抓下游终端客户服务

对于生产制成品而非中间产品的企业来说，是否有直接且可控的2C或2B的渠道、链接或网络，直接决定了企业在下游服务商中的地位。

（1）强化终端的服务能力

对于能够面向 2C 的产品，建立自己可控的渠道，如直营店、自营电商、专卖店或代理商队伍是重中之重。如汽车主机厂对 4S 店的掌控，直接控制销售节奏、维保体系、信贷金融等方面。而当初格力与国美在空调定价权上的争执，实质上争的是渠道主导权。

一些 2C 类企业，提出了"通路精耕"的思路，即拓宽铺货的界面，让更多消费者能够接触自己的商品，进而向消费者推销和提供增值服务。目前，各大手机品牌企业极力推动线上和线下渠道的融合，小米从线上转战线下，OV 从线下转战线上，荣耀则线上、线下并行推进，这些企业都在深耕渠道，强化在终端的服务能力，强化在终端的品牌号召力和影响力。

对于 2B 的企业，如果是通过工程总包提供服务的，那么必须在维保、售后上与终端使用者保持紧密联系，而不能做"甩手掌柜"，否则就会成为可轻易替代的对象。

案例：有效客户数

对于一些移动互联网企业来说，关键性经营指标是诸如 APP 的日活（DAU）和月活（MAU）数等，

> 这些高频用户数是真正有价值的指标。而对于偏内容型的，还要多关注用户停留时长。以客户数据为基础，通过分析各类指标为用户"画像"，根据所开发的软件或算法，让客户"流连忘返"。

（2）提升制成品的品牌影响力

提升品牌影响力的目的，是增强在直接消费者心目中的存在感，把消费者做出选择的决定因素转移到自身产品的质量、形象和服务上，而不是对服务商的选择上。

塑造强势品牌往往会采用"借势"的方法，而"借势"是为了"造势"——塑造品牌的强势形象。企业往往会采取各种各样的促销活动以增加销售，这些活动最核心的使命不应该仅仅是实现了多少销售额，更重要的是能否强化自身品牌影响力。假如企业利用当前热门的"直播带货"效应，与头部网红合作并实现了大规模销售，但不能通过这类活动提升品牌知名度、强化品牌影响力，那就只是获得了一次性收益。提升品牌影响力，通过品牌影响力而获得可持续性收益，才是企业经营的正确方向。

另外，还需要密切注意的是品牌位势（领导地位）。领导品牌（第一品牌）与非领导品牌的差距要比我们平常认知的大很多，从企业间的盈利规模差异就可以发现品牌间的巨大差距。

除了行业整体的品牌位势差异外，还有一些细分市场的品牌位势差异。从产业链位势的角度挑选投资标的，首先要选择大类行业里的龙头品牌，其次是细分市场的龙头品牌，品牌溢价往往是能够获得超额回报的捷径。

《3G资本帝国》揭示了3G资本商业模式——买入并改变。3G公司所改变的是那些有"巨大的品牌力与不相称的收入的标的"，通过采取对标管理、降低成本、提高效率等方式，挖掘可以改善的空间，激活休克区域。这种利用自身强势文化去改变那些"有强品牌力、深护城河、经营管理不善"的标的，正说明这些"强品牌力"企业的稀缺价值，即便经营不善、存在种种问题，其品牌依然存在巨大的价值。还有，3G资本所并购的大多是消费类企业，这些企业所生产的产品能够满足时代需要，能够伴随时代同步前行，这也是并购能够发生的前提。

―――― **案例：英特尔（品牌位势）** ――――

英特尔不仅在CPU技术上领先，还积极在终端产品中推广"Intel inside"的认证和招贴，强化自身产品在终端产品中的品牌影响力，并成功地把PC、

> 服务器等终端产品的竞争焦点集中在了CPU的品牌和性能上。
>
> 国内白酒企业纷纷推出高端产品系列,通过拉升价格档次,提升自身的品牌影响力。最终,这些高端产品的销售额可能未必会增加多少,但企业的品牌影响力、品牌档次却提高了很多,这种做法也拉升了企业品牌位势。
>
> 如果企业的品牌位势可以持续,企业的盈利能力也就可以持续,这就是"名利双收"了!

对那些市场上已经沉寂的品牌,即便是曾经的领导品牌,往往也难以复生。任何品牌都要维持合适的曝光度及年轻化,一旦失去了曝光度,也就失去了商业意义。因此,即便是再大牌的商品,也要通过做广告、办赞助活动、答谢客户等方式,维持自身的曝光度,既要让现有消费者感知,也要让潜在消费者转化。所以,投资者不能贪图便宜去投资沉寂的企业,那样遭遇价值陷阱的可能性非常大。

3. 抓下游的关键器件或部件

除了面向上游的核心零部件或设备供应外,还有面向下游的关键器件或部件。

可以采取两种不同的做法。一种做法是,依托自身产品或与自身产品相关,向下游关键的器件或部件拓展。具体思路是,可以把所生产的零件变成器件、把器件变成部件(模块),不断提升自有产品的技术门槛和附加值,这是产品一体化策略。另外一种做法是,跳出自身现有产品的供应链,选择同一个大行业中的关键器件或部件,相当于转换了公司的主营业务。

企业选择向下游扩张,其难度要大于向上游扩张。选择向上游扩张,企业自身就是新产品或设备的客户,新业务有现成的订单支撑。而向下游扩张,不仅面临开发新客户的难度,还会面对下游现有产品客户的抵制。所以,在向下游扩张时,可以考虑隔一个环节,也就是做现有客户的买家,这样可以规避短期内的抵制。

案例:工程机械行业的液压系统器件

国内工程机械行业的发展历程,也是一个从追赶到赶超的过程,其中,不仅主机厂实现了追赶并完成了超越,一些核心系统的配套企业,也从边缘零部件立业,实行仿创结合,不断进入更加核心的系统,完成了追赶和超越。

从产业位势来看，如果已经布局了核心系统的零件或部件，即使相对边缘一些，也好过那些从事非核心系统零件加工的企业。从多家类似企业的发展情况来看，有不少企业一直未能进入关键的系统零部件，也未能向成套系统进军，甘于从事按图纸制造这个相对"被动"的环节——加工费年年降低、毛利率持续走低、人工成本不断上涨，而生产过程所需的精密设备还需要不断更新，需要持续投入。

这些企业虽然不断通过提高生产效率，使用自动化措施来降低人力成本，但无法改善企业盈利能力走弱的状况。而其中个别企业，则通过加大研发投入，不断进入核心领域，提供成套液压部件（油缸），还进入了液压泵阀等更加精密的领域，成为市值超500亿元的工程机械行业核心供应商之一。

4. 抓横向扩张获得规模绝对优势

在经济学里，规模优势往往是可持续的，也是一种制胜之道。横向扩张的理论基础是规模经济性，而且规模上的绝对优势可以用来平衡上下游的议价压力。

面对上游，产业链下游的企业作为买家，与产业链上游相比有天然的优势；但是，如果自身体量较小、占客户销售比例少，这种优势就不明显。小型手机制造企业和大型手机制造企业相比，在芯片、内存、屏幕等关键零部件供应链上的话语权差距非常大，只有大型手机制造企业才能构建更加稳定的供应链关系。

有规模优势的企业在面对下游客户时，下游客户虽然感受到了供应商集中的风险，但保质、保量、按时的供应能力也是很重要的。对下游客户来说，会想方设法去平衡这种供应商集中的风险，稳定供应链的动力会一直存在。所以，既要在技术上领先，又要在成本上领先，这样才能获得更加稳固的优势地位。

案例：提升规模位势

用于电机绕组的漆包线是一个非常传统的行业，但即便传统行业也有新趋势。近10年来，行业"铝代铜"的趋势越来越明显，在同等体积下，铝线价格仅为铜线的1/6，铝线以其价格低廉、密度低等优势，稳步提高在各类电机里的渗透率。

在这个行业里，分析那些以铝漆包线为主业的领先企业可以发现，持续扩大铝制漆包线的产能是大家共同的选择。

> 对于这类加工工序相对简易的制造企业，竞争的核心是质量、成本和供货效率。作为产业链偏上游的企业，面对上游原材料高度集中及下游也是集中度偏高的客户结构，做大自身规模、提升企业的竞争位势，是必由之路。

5. 抓创新的技术领先战略

除了规模外，另外一个突破口就是技术创新，可以利用技术创新来获得超额收益。

对2B端企业来说，天然处在了卖方的位置。如果位处下游的2C端企业通过横向、纵向扩张，那对上游的2B端企业的挤压也会越来越大。此时，对2B端的企业来说，要么向下游扩张，直接跨到2C端去；要么建立能足以应对挤压的规模优势；要么靠领先的技术优势，建立技术壁垒和垄断性优势，进而围绕自身技术优势构建生态系统，才能扭转这种竞争劣势。

案例：从成本优势到技术优势

国内空调行业起步是从外采零部件组装开始的。其中，空调阀件是相对核心的零部件，主要采取外资独资或合资等方式，在国内设厂生产，并供应给国内整机厂家。

某国内空调配件龙头企业，在与日资企业合作之初，以来样来件加工为主，从事空调阀门制造环节，以成本优势为定位，获得了一定的发展和积累。而该企业不甘于以简单加工为主，提出了从成本优势向技术优势转换的战略思路，通过聘请人才、购买专利、加强研发或并购国外企业等举措，不断加大自身技术储备，不断在阀门环节突破，逐渐成长为世界级空调零部件供应商，实现了从"做大"到"做强"的转变，实现了从成本优势到技术优势的跨越。

随着位处该企业下游的国内空调市场集中度逐步提升，该企业凭借自身的技术优势，既能够应对下游强大的购买力议价压力，还能够从蓬勃发展的空调市场中分一杯羹。当然，该企业也通过收购等多种方式，尝试进入家电市场，踏进2C环节。

对于 2C 端企业，往往会利用应用端规模优势，介入上游的一些核心技术性环节。如亚马逊、谷歌都自行开发云计算芯片，与英特尔展开竞争，给英特尔造成了莫大的压力。华为推出了 HMS 套件系统，所凭借的也是其拥有的 4 亿多手机用户。

我们要密切关注产业链竞争格局的变化，以及其对企业竞争位势的影响。产业链位势是动态变化的，各自环节的定位也不是一成不变的。一旦上游供应商环节或下游客户群环节实现了规模化集中，则现有企业的竞争格局将会发生翻天覆地的变化。尤其是技术无法快速迭代创新，也无法推动产品持续换代升级时，企业的原有优势就岌岌可危了。

案例：占优位势的丧失

自动化设备与非自动化、半自动化设备相比，成本和效率优势非常明显。某铅酸电池的自动化设备供应商处于行业龙头地位，效益和现金流都非常好。

2010 年前后，全国各地铅酸电池厂遍地开花，该企业以自动化设备打开局面，各大小铅酸电池厂纷纷先付款后提货，进一步凸显了其行业地位。随后，由于中小型铅酸电池厂的环保问题突出，国家出台政策集中治理。同时，该企业的下游电池厂家开始了大规模的兼并收购，天能、超威等企业迅速崛起，行业发生了一轮低效产能出清和龙头企业快速集中，该企业竞争位势出现了滑坡。

6. 发挥平台优势

企业要么构建技术优势，要么构建市场优势，最终的落脚点还是要通过市场优势来说话。有些企业所实施的平台战略，是通过开放其接口的兼容性，聚集一大批友商，帮助自己建立壁垒和优势地位。

—— 案例："链主"的位势 ——

在 PC 时代，微软的 Windows 系统开放其兼容性，支撑了无数应用软件（包括硬件）及驱动硬件的软件系统。Windows 是所有相关软件的承载和分发平台，这些软件必须向 Windows 靠拢。同时，微软自己还抓住了 Office 套件这个最赚钱的应用软件。

英特尔是硬件的兼容平台，通过与一大批主板

> 厂家、主机厂家合作，抓住了硬件平台的核心。所有硬件厂家，都必须向英特尔靠拢和兼容，开发符合计算平台规格的各类硬件。
>
> 同样，在移动互联网时代，谷歌推出了智能手机系统平台——Android，各类APP必须符合Android的开发标准和要求。Android是这类APP的承载平台，也是APP的分发平台，直接掌控着这些APP的命运。谷歌还抓住了GMS套件等应用软件，巩固了自身的平台战略。

这些发展策略或转型方向，必须是企业主动的选择和持续努力的方向。如果拟投资企业标的，没有去尝试增强产业链的掌控力，或积极寻找相关发展机会，这类企业迟早会出现发展停滞或者倒退的可能性。

另外，任何一个产业在纵深发展过程中，或因科技创新，或因专业化分工，产业链会发生裂变或整合，随之而来的就是产业优势环节的更迭和价值链的重塑。尤其是一些新兴的行业，很可能因此而诞生新的产业链霸主，典型的如通过抓住IBM系统软件外包而成就事业的微软。在现有相对成熟的产业链中，也会在产业服务环节诞生新的模式，如创新药企业在采取外包服务的过程中，就产生了

CRO（合同研究组织）、CMO（合同加工外包）或CDMO（合同研发生产组织）等新模式。因此，在产业链发生变革时，围绕以上方向进行拓展，持续提升产业位势的战略思路仍然有效。

综上，要做好私募股权投资，必须做有产业链思维的产业投资者，进而去寻找有产业链思维的企业家。一个现有产业链的优势环节，如果当前不去主动占领，未来再去占领的机会就会越来越少。**商业史只会书写强者，弱者作为注脚，存在的意义在于映衬强者的伟大。**值得投资的标的，其主业应该深深扎根产业链的优势环节，并成为其中数一数二的企业。

第二节 商业模式的壁垒

做同样的生意,却做成了不一样的生意!

企业作为盈利组织,尤其是初创企业,必须先求生存,后思盈利——不管是当期的盈利,还是未来的盈利。所有的商业模式,都应该驱动企业实现可持续增长和获得可持续盈利。

一般来说,商业模式可以分为六类:**研发型、销售型、资源型、资管型、平台型、效率型**。这些不同的商业模式,可以构建何种经营壁垒?经营壁垒的难易程度如何?是建立在哪种资源或组织上的?如何持续增强企业的产业位势？这些都是我们分析商业模式的关键所在。

经营壁垒，主要是企业通过规模、技术、管理、品牌等建立起来的，能够独占或者占有较大市场份额（细分市场）的能力。或者说，一旦市场形成相对稳定的格局后，经营壁垒即赶超者实现追赶的难易程度。如茅台等高档酱香型白酒的领导品牌定位，虽然普通酱香型白酒的进入门槛并不高，但是这种高档酱香型白酒品牌的经营壁垒却很高。这种通过长期经营和竞争获得的壁垒，其竞争力更强、可持续性也更强。

理解商业模式的关键在于：如何克服行业经营难度？如何构筑可持续、可巩固的经营壁垒？如何利用经营壁垒提升产业位势？同样，还要分析经营壁垒是建立在个人（能人）、团队上，还是组织（平台）上。如果是建立在个人（能人）身上，这个壁垒就有很大的不确定性；而建立在组织（平台）上，则稳定性就高很多了。

1. 研发型——技术优势和壁垒

研发型也是技术型，是当前备受推崇的经营模式。

企业通过在产品（服务）方面的技术突破，领先一步来获得更大的市场空间。然而，由于技术是不断进步和演化的，任何技术都只是暂时性领先，如果不能持续投入研发，就不能保证持续领先，也就不能保证经营壁垒的可持续性。

案例："链主"的位势

PC行业的CPU竞争，是通过技术性能来增加销售力的。一旦有性能更加优异的产品出现，那些性能落后的产品就只能降价出售或者停止出售。

过去20多年来，AMD（美国超威半导体公司）在性能上追赶Intel，其CPU价格就相对便宜点。而Intel与AMD的竞争体现为你追我赶的状况，一个担心被赶上，一个担心赶不上。

与此同时，双方不断加大芯片研发的力度，推动芯片技术不断进步。此外，创新药和生物药行业也是研发型企业，都需要不断加大规模地投入研发。

（1）技术演进方向（线性还是跃迁）

技术演进的方向大致可以分为三类：

第一类，沿着现有技术轨道，不断提升现有性能，相当于在做延长线（线性）；

第二类，跨越技术轨道的升级，相当于换技术轨道（跃迁）；

第三类，创造新型产品，满足新需求（升维）。

对于第一类，技术演进方向主要集中在质量或某些性能的提升上。

如动力电池行业,在安全性得到保证的前提下,追求使用时间更长、成本更低、重量更轻、体积更小;而电子元器件行业,则追求质量更好、成本更低、外形更小;在医药行业,主流方向是创新药的研发,即在靶点治疗理论支撑下,通过发现新靶点,研发出能够更加有效对抗肿瘤、癌症等重症疾病的创新药物。

对于这一类,总体上还是可以预测的,毕竟目标是"一匹更快的马"。正如汽车大王亨利·福特的名言:"如果我当年去问顾客他们想要什么,他们肯定会告诉我:'一匹更快的马'。"

对于第二类方向,就是要积极关注一些突破性技术或颠覆性技术的面世。

如创新疗法上的突破,应用CAR-T(嵌合抗原受体T细胞免疫疗法)、TCR-T(T细胞抗原受体免疫疗法)等新型基因工程技术,治疗血液瘤或实体瘤。这种细胞免疫疗法与以往的化疗和单抗疗法完全不同,是一种突破性技术。

克莱顿·克里斯滕森提出,颠覆性技术的本质在于以新兴的、更便宜的、更简便的技术(换轨道)取代目前的主流技术,这些技术往往从市场的底层(以更低成本满足非主流市场需求)打入,进而逐步扩展和提升档次,最终在市场高端将竞争对手击败。如新能源商用汽车对内燃机商用汽车的替代、激光打印机对喷墨打印机的替代等。

另外，还要关注落后技术与先进技术之间的过渡性技术。那些有市场需求、有技术替代时间差（时间窗口）的过渡性技术，可能会获得市场成功。但如果不能持续实现技术升级换代，即便过渡性技术仍然有市场空间，也无法面对新技术所展现的碾压性竞争优势，最终结局往往是必然的。技术型企业最终胜利还是要靠技术领先来成就。

对于第三类，主要通过新的发明来实现，创造出新的需求，或是满足一直未能得到满足的需求。

如 20 世纪发明的电报、电视、电话、电脑等，这些发明开创了一个新的产业。而飞往火星的载客飞船、星际旅行等，则都属于新兴的"黑科技"。技术路线是否成熟，商业化何时成功，未来潜在市场规模有多少，都是未知之数。

随着信息技术的发展，及其在各行各业渗透程度的不断提高，信息技术会"重新定义"某些行业或产品。

案例：智能手机

手持电话，在模拟线路时期被称为"大哥大"；其后，第一代数字通信技术的手机，本质上还是以通话为主，但通信技术研发路线发生了巨大变化（技术跃迁）。它们所满足的需求仍然是一贯的——持续提升通话质量、使用场景更广、使用成本更低等。

> 而在 3G 和 4G 时代的智能电话，其主要功能已经不再是语音通话，而是基于数字技术的信息产生、处理、发送和查询终端，已经被认为是一种新的品类（重新定义）。相应的，语音通信成为一个基础性功能，虽然是不可或缺的功能，但市场竞争或客户关注的焦点已经发生了转移。

（2）技术变革速度（快还是慢）

对于市场追赶者来说，面临产业内技术变革速度快或慢的不同情况，最终的结局可能截然不同。

如果该技术（线性）变革速度快，那么，追赶者（如 AMD）必须长时间地持续投入，争取在技术上能够持续接近行业领先，或不要差距太大，这样才有机会实现反超。为此，追赶者要实现全面赶超的时间会很长，难度也会大很多。

华为在通信设备上的持续饱和性投入就是如此，比行业领先者投入强度（比例）更大，加上国内工程师红利、国外理论创新及优秀人才加盟，最终在 4G 和 5G 时代实现了赶超。而这种超越未必能够一直保持下去，华为也面临持续涌现的新挑战者及技术变革速度放缓的压力。

同样，在国内 PC 行业，有技术变革慢的基础零部件领域（如材料），也有技术变革快的 CPU、存储芯片及应用软件等领域。国内企业开始大规模实施追赶策略，也只是近几年才开始的，这与企业经营层对企业战略的思考有很大关系。

如果技术（线性）变革速度慢（或间歇性变慢），那么，追赶者就可以很快达到或接近行业领先者的技术水平，最终比拼的不仅是技术层面的经营壁垒，还是品牌、性能、效率或其他综合性因素。

技术变革速度慢，追赶者的所有技术突破都可以累积，能持续提高自己的技术台阶，缩短与领先者的差距，这种技术突破是一种可累积性的优势。而技术速度变革快，则已实现的技术突破的价值随时间拉长而大幅度快速贬值，导致技术突破无法实现有效累积，更遑论超越了。

如在医药领域，疫苗行业的技术变革速度慢，近10年在发酵技术（载体技术）上的突破也非常少，而且，研发的投入强度和金额也变化不大。所以，追赶者可以持续不断地投入研发，只要突破技术难关，就能够研发成功，可以占领一部分市场或者进行赶超，耗时长一点也不影响最终市场容量（二类苗）。而创新药则不同，不仅投资强度大，而且耗时很长。一旦研发成功，如果同类其他产品提前面市了，该产品的市场空间就被挤占了，甚至其他同类产品的仿制药面市了，该创新药的市场空间也会变少，研发投入都无法收回。因此，面对（技术变革速度快的）创新药这类市场竞争格局，追赶者的研发速度慢了也不行，销售能力弱了也不行，这就非常考验企业"掌门人"的魄力——

是选择保有当前的利润表现,还是追求不确定的研发成果?

案例:变慢的仿制药,失去的定价权

2019 年 8 月,仿制药"4+7"扩围结果出来了:与扩围地区 2018 年最低采购价相比,拟中选药品价格平均降幅 59%;而同"4+7"试点地区的中选价格相比,此次中选药品价格平均降幅 25%。

所谓扩围,就是在 2018 年北京、天津、上海、广州等 11 个城市试点基础上扩大范围,除了上述 11 个城市和自行跟进试点的河北省和福建省外,其余 25 个省份和新疆生产建设兵团均参与此次扩围,国家组织药品集中采购和使用试点已经扩展到了全国。

在如今的国内白色家电行业,国产品牌已经赶超国际品牌,除了豪华品牌这一细分市场国际品牌仍然占有部分优势外,中低端市场几乎都是国产品牌的天下。而黑色家电类的彩色电视机,经历了 CRT、LCD、OLED 等屏幕方面的多次技术迭代,目前国产品牌占有先机。其中一个重要原因是屏幕技术的迭代减缓了,国内品牌厂家发挥了运营效率等方面的优势,还出现了乐视、小米和华为等外部竞争者。每次技术转换都导致市场格局出现了大幅度调整，原有的国产领先品牌长虹、康佳、TCL、创维等，都曾在不同阶段各领风骚。

案例：硅谷创新"代际论"，技术革新变慢了

硅谷的创业者可以分为三代。第一代（1950—1970年）以技术创新为主，代表公司是仙童和英特尔；第二代（1980—2000年）以产品创新为主，代表公司是苹果、甲骨文和谷歌；第三代主要是以商业模式创新为主（2000年后），代表公司是脸书、推特、优步等。相应的，三代创业者的风格迥异，摩尔定律发明人戈登·摩尔是英特尔创始人，是出类拔萃的技术天才；乔布斯代码写不好，却是产品天才；到第三代创业者，更多报道集中在了豪宅、官司和绯闻上。

技术创新—应用创新—模式创新—人性创新，这一路径是中美互联网圈的共性。

还有就是WeWork的案例，二房东转租业务被包装成为科技型公司，孙正义的愿景基金投资近106亿美元。对于创新，投资者还是要多一分敬畏，多一分质疑。真正的技术创新是没有那么容易的，要当心创业者走偏门。

第三章　产业位势

（3）技术优势与市场运营的互补

不存在长久领先的技术优势，也不存在一劳永逸的市场优势，任何领先的技术或市场地位都是暂时的，一定要注重技术（商业模式）和市场运营的有效结合，双重优势更具有持续性。

国内有不少企业也试图在 CPU 和操作系统，甚至办公软件领域实现国产替代，但在实际运营过程中遇到了相当大的障碍。障碍不仅仅来自技术方面，更主要来自市场方面。

Intel 的 CPU 和微软的 Windows 及 MS Office，在创立之初就是产业链的技术源头（技术底层），并一直沿用"向下兼容 + 技术创新"的经营策略。向下兼容就是对过往的软硬件提供兼容，降低使用成本；技术创新就是不断迭代创新，创造新的功能来吸引越来越多的用户。

而 Intel 的技术标准是私域标准，是有知识产权的标准，是有 IP 接口和程序调用的标准，不是简单的机械标准。同样，Windows、MS Office 也是如此，都在用户心目中成为行业标准并养成了用户习惯。即便国内操作系统和办公软件企业也参照了类似的设计，以照顾用户使用习惯，但一直很难在 PC 领域获得成长机会。

而当办公软件"云化"机会出现及国内正版化趋势明朗后，WPS Office 才抓住了这个时间窗口，先提供了在手机上的"免费"使用，继而带动了免费的 PC 版安装。到 2019 年年底，在手机和 PC 上实现了月活数接近 4 亿台。

而 WPS Office 的机会更多是市场变革带来的，是增量市场的机会。

案例：技术决定还是市场决定？

随着计算机系统的日益复杂，用户要求计算机指令系统能使计算机的整体性能更快、更稳定。最初，人们采用的优化方法是通过设置一些功能复杂的指令，把一些原来由软件实现的、常用的功能改由硬件的指令系统来实现，以此提高计算机的执行速度，这种计算机系统被称为复杂指令系统计算机，即 complex instruction set computer，简称 CISC。另一种优化方法是在 20 世纪 80 年代发展起来的，其基本思想是尽量简化计算机指令功能，只保留那些功能简单、能在一个节拍内执行完成的指令，而把较复杂的功能用一段子程序来实现，这种计算机系统被称为精简指令系统计算机，即 reduced instruction set computer，简称 RISC。RISC 技术的精华就是通过简化计算机指令功能，使指令的平均执行周期减少，从而提高计算机的工作主频，同时大量使用通用寄存器以提高子程序执行的速度。

第三章 产业位势

> Intel在CPU开发上采用了CISC路线，而当精简指令集诞生后，其在运行效率和发展空间上确实比CISC要好。Intel利用其研发和迭代效率，放大了与已有的操作系统（微软）及应用软件兼容的特性（当时Intel是获得市场领先优势的企业），通过长期竞争最终把RISC（代表厂家摩托罗拉）屏蔽在计算型CPU市场之外。后来，RISC在手机芯片领域获得了新的市场机会（得到了谷歌的支持）。

在消费电子领域，如家电领域，其产品大多有较高的科技含量。即便行业技术革新速度变慢，各大品牌也都会强调各自技术的先进性。技术的先进性是拉开品牌差异的最佳和最有效方法，可以让消费者迅速区分两种不同的品牌。所谓"好酒也怕巷子深"，如果不主动向市场提供科技含量高和技术先进性的信息，品牌的位势自然而然就会被其他品牌所超越。戴森公司之所以能够在非常传统的家电领域迅速取得成功，就是把"新奇""酷炫"嵌入品牌，以高价格启动市场，用"高举高打"的模式，打造一个非常强势的家电品牌，这是一个非常典型的技术优势和市场运营相结合的成功案例。

（4）分析技术的先进性

股权投资者去分析各类企业的技术水平高低，是有很大难度的。一方面，可能很难知道企业拥有的技术本身如何，这些信息大多是保密的。即便是专利，也有可能缺乏对专利的深度认识。另一方面，对各类企业所掌握的各种技术不可能全部了解，即便能懂1~2个领域，如果面对较多的拟投资企业、较多的技术领域，想分析出个高低来，显然也是不可能的。从这点来看，选择少数行业投资，做投资的少数派是有现实意义的。

如果不能直接分析，那只能做间接分析。

①看高端客户

看其客户的知名度或行业地位。尤其是2B业务，如果客户有世界著名企业、世界500强、行业龙头企业，就是一种间接验证。再分析这个企业作为供应商，所供应的比例有多大；分析作为供应商的等级，比如核心、一级、二级等；分析回款条件是否优厚；等等。

如果这个企业能够成为著名企业的核心供应商，如苹果、三星或华为的供应商，而且其供应的比例也占客户采购比例的30%~50%，那么，这个企业在技术方面必然是行业顶尖的了。此时，只需要把重点放在核查合同的真实性上即可。

②看核心专利

看核心专利方面，可以请教行业专家，确认其含金量和应用情况（比例）。还要看发明专利的数量、每年新申请的数量。如果数量是持续增长的，而且发明专利大部分是多国申请的，那这些专利的含金量也相对要高一点。

③看毛利率

一般来说，毛利率可以做同行对比，比同行高的，更多体现出了技术的溢价。

要注意的是，毛利率和定价模式也有关。有些加工行业是按加工费定价的，比如铜加工行业，用铜做原料生产铜管、铜棒、铜箔，加工费是按重量计算的。由于原材料价格昂贵，有时候毛利率只有3%~5%。而如果用钢做原料生产钢管，原材料价格便宜，毛利率反而能升到15%以上。

④看应收账款类

一个企业的产品是否抢手，在客户的回款方面一定会有所反映——应收账款（含票据等）的金额比较少，甚至还有较多的预收款。有些企业的商业模式会主动放宽客户的回款，以应收账款的账期延长来换取资金的利息收益，分析毛利率需要注意这里的细微差异。

同样，企业也有采购者的角色，如果采购时有预付款而没有应付款，则在采购链条上的竞争力也不强。

⑤找专家咨询

还有个好办法就是找行业内的专家咨询。当然，如果你不知道专家是否名副其实，最好还是通过研究来核实一下。另外，不同体系的专家可能会有不同的观点，当心观点冲突，导致误判。

2. 销售型——需求集中与改变

销售型企业主要依靠自身可控的销售网络，通过增加销售网络的宽度、深度和效率来覆盖更多潜在客户，以加深与客户的连接，加快产品在市场兑现的效率和速度。销售型企业还涉及广告、地推、策划、铺货等销售环节的管理，而生产端、研发端相对来说会弱一些。

一旦产品的品牌力树立起来，在市场上获得认可，出货比较通畅，崛起的速度就会比较快，而产能的障碍往往不大，此时是很好的投资机会。

如果企业搭建了成功的销售体系，能通过预收款或定金发货，甚至能够月结销售款，那经营现金流往往是非常富余的。对于这样的企业，后续一般也不需要私募股权投资，通过自身现金流的滚动就足够了，这也是消费类企业往往估值较高的一个重要原因。

销售型模式，往往行业准入的难度不大，除销售外的经营难度也不大，而要建立起经营壁垒的难度却很大。一般是在行业刚刚兴起时，通过激烈的竞争完成市场淘汰赛，仍然保留较大市场份额的品牌，才能建立相对稳固的经营壁垒。这种经过激烈竞争所形成的壁垒，往往比较坚硬和牢固。

案例：关系销售型

关系销售型企业案例比较多，一些技术含量不高、生产难度不大的企业，如果利润率、现金流状况都比较好，甚至ROE(净资产收益率)也不低，那么，这类企业很可能属于关系销售型企业。

以工程机械行业为例，一家生产非核心零部件（如履带、外壳、标准件）的企业，销售净利润率能超过10%。而走访下就可以发现，企业现场管理一般，产线布置也不够流畅；生产设备以国产为主，有剪切、锻造、加工等工序；器件较大，加工工序节拍较长，用工效率尚可。

分析其大客户，是国内某龙头工程机械企业，回款账期在1个月左右，现金回款率一直高于其他供应商。

综合种种迹象，就可以断定这是一家关系销售型企业。该企业的综合能力是在市场能力方面，而非强在技术开发能力和加工能力上。

对于销售型企业，一定要分析这种销售能力是建立在个别能人上的，还是建立在组织上的，是否可以持续。如果是建立在个别能人身上,这种销售能力是极不稳定的。另外,有两类也值得警惕,一种是持续促销型,一种是阶段促销型。

(1) 持续促销型

一般超市为了招揽客户,会持续搞一些产品促销的活动,通过降价或赠送礼物等方式,吸引较多价格敏感型客户,扩大超市销售额。有些社区超市,会在早晨销售一定数量的便宜鸡蛋、米、面、油等刚性需求品,以此吸引部分消费者。

这种销售活动本身是否能够带来正向净现金流或盈利,决定了这种销售活动是否能够持续,也是这个模式的生命力所在。超市行业的促销,包括电器连锁店的促销,往往最终是厂家买单,通过各种各样的诸如堆头费、上架费等摊派给厂家,这也是超市持续促销的底气所在。

如果销售的产品无差异,经营者只能在促销的方式上动脑筋。各大百货公司曾经采取返券、打折、存现金抵券等各类花样繁多的促销手段,最终都是落在价格折让上。

这种持续促销所实现的消费者集聚,最终依赖于价格折让,并没有让消费者对现有的场景产生依赖。一旦价格折让不存在,这个场景的客流也会逐渐稀少——价格折让本身无法建立经营性壁垒,除非是持续或永续的价格折让。

对那些打价格战的企业，分析的关键不在于价格战能够打多长时间，而在于价格战之后提升价格，客户仍然能够持续性光顾；或有相对较低的运营成本，在持续价格战中仍然有足够的盈利支撑。

（2）阶段促销型

阶段促销型往往在新商业模式涌现时比较常见，相当于开业大酬宾，让消费者先用起来。通过价格折让来诱导消费行为的改变，待消费者形成消费习惯后，再逐步取消或弱化促销规模、程度及频次。

这种需求集中的招募（促销）手段，除了额外利益诱导（如免费、低价或特色商品等）外，最终还要依靠交易的便利性（节约时间、消费环境等）来实现。仅仅通过促销实现需求集中的模式，所建立的商业壁垒是不够高的，必须还有其他附加或增值的功能。新商业模式必须能够增加黏性，增强需求方和供给方之间在新场景连接方面的刚性。

对于零售行业而言，既有的供应链成本和效率基本相仿，新旧商业模式相竞争的核心差异主要体现在交易的便利性上。新商业模式往往更加便利，这有助于提升交易的持续达成，构筑持续性竞争优势。

案例：价格战诱导交易场景的迁移

对零售行业而言，商业的本质是提供了"交易"（或交换）场景，传统的百货商店、连锁店、专卖店等都是提供了以线下"交易"为核心的商业服务功能。

对绝大多数消费者而言，有追求价格优惠、场景舒适、选择多样等主流需求，也一直存在追求交易过程便利性的趋势。所以，当价格战驱动消费场景发生转变时，如果新消费场景的交易更加便利，而消费者并没有发现这种便利会让自己花得更多（浪费也会更多），消费者会享受这种便利性，会为了这种便利性而迁移交易场景，改变自身的消费行为。

当年，苏宁和国美等家用电器连锁店崛起时，与百货商店的家电销售部门展开竞争，价格战（包括补贴）就是其中一个方面。苏宁还依靠品牌众多、品种齐全、更加便利等多方面优势，实现了消费者交易场景的转移，改变了消费者购买电器的消费行为。

最终，家电商家撤离了百货商店，家电销售的主战场迁移到家用电器连锁大卖场，而百货商店也不得不缩减甚至砍掉一些家电类业务。全国化布局的苏宁成为中小板的明星，国美也成为港股明星，还崛起了五星、大中等区域性连锁大卖场。

如今的天猫和京东的电商模式，亦是如此。通过交易更便利（7×24）、选择更多、价格更优惠等优势，再次打败线下的零售网点，实现了交易场景的转移。而拼多多不设购物车的"拼购"模式，则更加简化购物的难度，降低了中老年人使用电商的交易门槛。

在移动互联网时代，利用阶段性促销来实现这种需求集中的商业模式层出不穷，除了电商模式外，还有共享单车、外卖配送平台等。这种需求集中的模式，能否长期锁定主要产品或服务的提供方（产品丰富化），能否把交易环节彻底搬到线上（交易便利性），将成为制胜的关键。

案例：补贴激发需求快速增长

滴滴、快的等打车软件公司，通过初期的补贴政策，实现了打车需求在软件平台的集中。而随着打车软件公司的并购整合，剩下的公司在提供打车便利的同时，取消了大部分对乘客和出租车司机的补贴。不仅如此，还通过引入专车、顺风车等新运力，在满足乘客便利性的同时，增设对司机端收入提成的方式，获得收入分成。

对软件平台公司而言，持续大规模或大额补贴司机或乘客，这种促销方式无法获得现金流或盈利，只能取消。通过一段时间的补贴后，平台实现了乘客的需求集中并使乘客养成了消费习惯，成功实现了需求的可持续性规模化集中。

这种需求满足方式属于消费（交易）场景的集中（迁移），而供应方大多极度分散，缺乏跨地域的溢价和增值效应，这就会导致其他竞争对手仍然可以通过补贴（价格战）的方式，不断尝试进入这个市场，试图分流现有平台的乘客群体（分散的区域性需求）和司机群体（分散的区域性供给）。

只要竞争对手补贴力度足够大，就会冲击现有平台的基本盘，这种骚扰会让现有的平台公司无法获得超额利润。

需求的集中，或消费（交易）场景的集中，只是新商业模式的开始，能否胜出并实现对旧商业模式的替代，除了在交易环节的便利性要有实质性提升外，还要有可以革新和提升经营壁垒的地方，也就是提供产品或服务的模式更新。新商业模式必须在供应链的效率、成本和及时性等方面有质的进步，才能打造可持续的运营模式。

电商公司亚马逊把其竞争策略归结为"飞轮效应"——以更低的价格吸引更多的顾客，更多的顾客意味着更高的销量，进而吸引更多的第三方销售，从而摊薄固定成本、降低价格。而作为大连锁超市的沃尔玛战胜区域零售商的法宝，同样也是靠"天天低价"。为此，要提供低价的商品，必须有更低的运营成本结构，否则，"天天低价"的商业模式就难以为继。

3. 资源型——不可再生或复制

最具典型性也最容易理解的是大宗商品资源类（采掘类）企业。一旦到商品价格上涨周期，那挖矿和挖钱并没有太大差别；而且，其储量的价值也会随势而涨。另外，一些融资资源、特许资源等，也算是资源型模式，无非资源的兑现方式不同而已。

案例：数据就是资源

一些大数据公司，比如谷歌、亚马逊、阿里巴巴等，先期积累了大量的客户数据，进而用这些数据建立了更加有效的广告发布、商品推荐、物流派送等数学模型。这些数据往往是竞争对手短期内难以追赶的，这就是建立在用户行为数据资源上的优势。

如果是一种稀缺且不可复制的资源，资源型模式所建立的壁垒会有非常强的可持续性。历史悠久的品牌（老字号），一旦建立了经营性壁垒，也可以视为一种独特资源。

案例：品牌就是资源

中国白酒行业有个典型特点，老品牌的白酒依然是细分市场的顶梁柱。不管经历多少波折，只要能抓住机会复苏，老品牌地位依然是新品牌难以替代的。1952年，茅台酒、汾酒、泸州大曲酒（泸州老窖）、西凤酒被评选为四大名酒，之后虽然起起落落，但如今这些品牌依然能各领风骚，品牌资源可见一斑。

另外，并不是所有品牌都能延续辉煌，在消费品行业里，原本非常红火的品牌逐渐落伍、沉寂的案例非常多。主要是这些产品不能顺利更新换代以满足消费者的需求，或出现了品牌老化现象，不再受年轻一代消费者的追捧，此时品牌资源就会被消耗殆尽。

4. 资管型——轻资产最佳模式

资管型最典型的是基金管理业、酒店管理业、物业管理业等，虽然并不拥有这些运营性资产（这些资产都在表外），但是可以通过经营或管理这些资产来获得收益。

这种模式与那些经营管理自有资产的模式相比，拥有较高的经营杠杆，把重资产类型的经营模式转换为轻资产类型，降低了重资产行业的进入门槛，也提高了专业团队的价值。还有酒店特许经营模式（管理合同模式）、信托运营模式、物业管理模式等，亦是如此。

资管型企业依赖长期业绩表现所建立的品牌价值，以业绩（净值）表现为核心聚集忠诚客户，对于金融市场中的资产管理公司来说尤为如此。

案例：金融类资管行业难以建立经营壁垒

可以举个军事上的例子，在战争中，国土面积（资产管理规模）本身是一种防御性壁垒，而军队战斗力（长期业绩表现）则是一种经营性壁垒。防御性壁垒让对手拉长了战线，降低了对手的战斗力（规模是效益的天敌）。如果遇到无后勤的军队（如规模不大的竞争对手），这种防御性壁垒的效果就弱了很多。这时候，壁垒反而给竞争对手提供了一个利基市场，成为对方的防御性壁垒。

因此，基于业绩的资产管理规模的壁垒有天生的不足之处，如果2~3年业绩表现不佳，后续的资管规模就会大幅度萎缩。所以，资管行业属于进入容易，做好较难，长期做好非常难的行业。

为此，很多资产管理公司（如贝莱德公司）推出了ETF基金或连接基金，通过采取被动投资方式锚定特定指数，并大幅度降低费用（千分之几的收费），最终做大了资产管理的规模，建立了另外一种基于费用的经营壁垒。

5. 平台型——友商模式

自从互联网尤其是移动互联网兴起后，创业公司非常喜欢兜售"平台型"这个概念。现实中案例也比较多，如淘宝、微信、京东、滴滴等。这个模式和以往的批发市场招租（商）相仿，都是通过招商和招客两个环节完成的，在客流量增加后，通过租金和参与商家盈利分成来获利。目前，有些大型百货公司或连锁超市，仍然采取"招商＋销售分成"的模式来获利，实质上是兜售自有客流，实现这些自有客流的多重变现。

在经营平台上，必然要引入友商。如 Windows 的 PC 平台、Android 的移动互联网平台，这种软件承载平台或发布平台具有巨大的价值。微信平台所开发的"小程序"，也是想把微信作为一个软件承载平台，承担软件（及信息）发布功能，并以此捆绑友商。

经营平台也承载了大量的从业人员，这些从业人员本身也是一种行业稀缺资源；其他平台若想替代现有的平台，那就必须先吸引这些从业人员过去，其难度也是相当大的。更何况，背后还有诸多用户的黏性。因此，只有当行业刚刚兴起，任何一家平台型企业都尚未建立足够大的优势时，才可以考虑对平台型企业多家下注；一旦形成寡头了，就只能投资于寡头。

案例：互联网企业的商业模式

从盈利模式来看，大致有电商、广告、内容等三种来源，典型的是阿里巴巴、百度和腾讯。虽然这三家公司的商业模式不同，但收入来源无非这三个方向。

从流量方向来看，一种是吸收流量型模式，一种是输出流量型模式。比如，电商就是一种需要源源不断输入流量的模式，需要不断在其他平台或媒体上做广告、促销等活动，导入流量，增加销售额；而输出流量模式可以是社交或搜索型，腾讯和百度就是如此，自带丰富的流量。

从平台型模式来看，是信息（商品或服务）提供方和信息（商品或服务）需求方两方同时存在（尤其是C2C）的模式，也是一种类集市的商业模式。比如，搜索模式、社交模式、点评内容（娱乐）模式、打车模式等属于C2C模式；而游戏分发、商旅预定、电商模式等属于B2C模式。

6. 效率型——更快、更省

这个单独算一类可能有些勉强，因为任何一种模式都需要提高运营效率和降低生产成本。但是，有些行业确实只能从效率上动脑筋。对一些行业内使用较广的基础性元器件和零件，比如紧固件标准品，竞争的焦点往往是生产成本，前提是性能不下降，持续提高性价比。

案例：汽车零部件行业

一些汽车零部件企业，如果主营业务是给汽车主机厂提供铁质或铝质（或其他金属及材料）车身锻件或铸件，则其经营难度主要集中在规模经济和生产效率上。既要通过规模来建立一定壁垒，又要通过效率降低生产成本。因为企业的立足点不是构筑在技术上，而是在经营上困难因素比较多，竞争格局也比较复杂，进入门槛相对较低。

这些企业上游的供应链，即提供钢板、钢筋或钢坯的生产商非常集中，往往需要现款提货。即便通过贸易商进行采购，也是要支付资金利息的。而下游是大型主机厂，至少需要压2~3个月货款，长

> 的甚至超过12个月，隔年产品还要降价3%~5%。这样的产业链位势是非常难受的，一旦主机厂销售不畅，压力马上就会传导到供应商身上。
>
> 为此，在不断恶化的上下游竞争位势下，许多企业不断改善自动化加工水平。通过自动化改造，减少工装时间，提升工装效率。
>
> 这种提升效率的方式属于节流，而开源则是更重要的事情，是面向未来的。企业推动自动化加工产线既属于主动行为，提高效率和稳产率，又属于被动行为，劳动力成本持续提高，而客户持续压低加工费用。

如果一个行业聚焦成本下降，那么，产品的售价往往是被压制的，这个行业的盈利水平或盈利能力都处于下降通道，投资获得超额回报的难度就比较大了。

案例：服装加工企业

> 对于服装加工企业，其成本主要是劳动力成本，属于劳动力密集型行业。即便用先进的剪切、打片、

> 缝纫或包边等设备,还是需要劳动力一件件缝纫、一道道工序缝纫。那么,这类自动化对企业竞争位势的改变几乎没有影响,还是搬迁到劳动力成本低的地区更加有利于提高竞争力。

另外,企业规模性因素对效率影响也比较大,如大企业运营难度就比小企业大,很多大企业的产品数量多、区域多、跨度大,若管理得当,则大企业所体现出来的规模经济性就会形成复合型竞争优势(对竞争对手而言则成为一种门槛)。有效的规模化供给能力也是一种经营壁垒,同时,也是一种经营结果,毕竟任何获得优势经营地位的企业都有较大的体量。

商业模式也是产业位势的具体表现,体现了企业在所处产业中势能的高低。商业模式驱动力的不同,体现了企业资源的不同配置方案,只有可持续增强壁垒的才是真正的好企业。

第三节　资产运营的效率

企业的投资价值与其盈利能力及成长性密切相关，分析其经营绩效是必修课。企业运营效率的高低，不仅体现了行业趋势、竞争态势、产业链位势，更能反映一家企业内在的经营管理水平。

分析经营绩效的关键指标有：毛利率、资产周转率、财务费用水平、净利润收现水平、研发资本化率（费用率）、应收账款等。

1. 毛利率（盈利能力）

毛利率代表创利能力和水平。

一般情况下，对同属于一个行业内的企业而言，毛利率越高越好，意味着能够获得更高的利润率水平。有时企业毛利率的提高是通过产品提价实现的，如果市场接受度没有跟上，销量没有跟上或有明显下降，则最终获利额也不一定会提升。所以，价格和销量是密切相关的，一定要捆绑在一起分析。不能单看数量的增长，能否维持价格、毛利率与销量则是关键。

（1）超高毛利率（波动性）

对于企业总体毛利率水平的波动，一定不能掉以轻心，尤其是一些高毛利率业务，毛利率的小幅度边际波动，对企业盈利能力会产生巨大影响。企业毛利率下降1%对利润影响大不大呢？看起来不大，但毛利绝对额的下降可能非常大。

---- **案例：从99%到98%，从98%到99%**

仿制药企业的生产模式是外购原料药，继而压片成型或胶囊灌装（不考虑工艺复杂性），加上外

> 包装就能出厂。而制剂生产线的投入相对有限（主要是无尘厂区的成本），仿制药企业往往能获得超过90%以上的毛利率。2018年，仿制药品种受"4+7"集采影响很大，从毛利率来看下降不明显，但毛利额下降就非常大了。
>
> 近年来，茅台等高端白酒纷纷提价，毛利率本身并没有明显的提高，而毛利额却大幅提升，也是这个道理。

（2）中等毛利率（外采率）

对中等毛利率（40%左右）的商品，要分析主营成本里外购的比重。如果一个商品的主营成本为60元，售价为100元，那么，毛利率就是40%，属于相对较高的水平。

如果60元的主营成本都是自产器件和生产性消耗，那么，40元毛利对应的是60元的土地、设备、人工和流动资金。如果这60元的主营成本中，只有20元是自产器件和生产性消耗，而40元是外协部件（购买后组装），那么，40元毛利对应的是20元的土地、设备、人工和流动资金，以及40元外协部件的流动资金，资金运营效率会比前者高很多。

> ## 案例：零部件外采率
>
> 国内机械行业主机厂，一般会有30%左右的毛利率；而少数特殊行业的机械，如农机类，甚至毛利率接近50%。当外采率提高时，企业效率也会相当好。
>
> 如果企业的单台售价在100万元左右，生产总成本为50万元。其中，外购零部件大约在60%以上，也就是单台外采成本为30万元，占售价的30%；组装工序成本和自产成本为20万元，只占售价的20%。
>
> 从外购的比例来看，该企业更像一个组装型工厂，没有太多的生产性设备（除房产外，账面固定资产少），在固定资产方面大大节约了。这类企业就属于轻固定资产、重流动资产的类型，不需要太多的权益类资金投入，也比较容易加上财务杠杆。

（3）较低毛利率（外购原材料所占货值比例）

对一些按加工费定价的制造业来说，不同产品的毛利率，往往随着原材料使用量及消耗金额而发生较大变化。如铜电缆的毛利率往往在3%~5%，而铝电缆（线）的毛利率则在15%~20%。两者的加工过程在工艺上的差异并不大，毛利率的差异主要是因为铜的价格远远高于铝。同样，对于以不锈钢为原材料粗加工的行业，如果不是来料加工，这类模式也占用了大量流动资金，还要应对原材料的跌价风险，属于赚钱不易、风险较大的行业。

从投资标的选择上来看，应尽可能选择毛利率高的产品。毛利率低是因为原材料使用及消耗在产品售价里的占比较高，这部分占用了企业大量的流动资金，造成企业在运营资金上的经营难度，也没有提高最终产品的附加值。**换个角度来看，产品毛利率里更多体现了资金占用的机会成本，而不是加工制造过程的附加值。**

产品毛利率较高，主要是因为原材料占用和消耗较少，附加值较高。对于加工制造业，也要分析原材料消耗较少对加工效率的影响。

所以，好生意如同卖水，毛利率高，占用的资金量比较小，加工工序也简单。

2. 资产周转率（运营效率）

分析商业模式时，重点要分析运营资产周转率，尤其要分析一些长期性资产（或运营资金）的周转速度。

运营资产的周转效率，主要有两大类：一类是流动资产类，如长期占用的应收、预付或库存等；另一类是非流动资产类或长效资产，如土地、厂房和设备等固定资产，尤其是那些有实质性折旧的设备或机器等。

（1）在流动资产类里，应收款（票据）项、预付款项和存货项（含原材料和在制品）之和，再剔除应付款项和预收款项后，就是净运营资金占用，这也属于长期性占用。

一般来说，只有较为紧俏或产业链位势高的企业，才会有大量的应付款项和预收款项，即供应商的货款还没有支付，客户的预付款就送上门了，这样的生意可以不占用自有资金来做铺底的流动资产。

比较典型的是定制家具行业，多数企业不仅有金额较大的、以客户订金形式存在的预收款项；还有大量应付款项，如原材料板材、设备和器件等。

一些龙头企业的最终净运营资金可能是负的，企业不需要垫付运营资金。而一些知名高档白酒的预收款项也非常高，当产品紧俏或到了供货旺季时，经销商除了提前打款预定外，还要排队等货。

（2）在非流动资产类里，一些制造型企业往往需要土地、厂房（或办公楼）、生产性设备、运输设备等，还有一些资本化的专利等无形资产。

互联网企业主要是机房或服务器等资产，这些资产的类型发生了巨大变化，这也是互联网企业的不同之处。

企业都有实缴资本和负债，按稳健经营的原则，短债主要匹配流动资产部分，长债和自有资金主要匹配长效资产部分。在不考虑毛利率水平的情况下，如果长效资产的周转率低,则企业的盈利水平肯定上不去。一旦长效资产中有实质性折旧资产的比例或金额较大,则企业最终盈利都会贴进设备等损耗型资产里。

分析周转率还要和毛利率结合起来看,企业的资本金投入其实是有财务成本的,至少要按(年化)7%~8%来考虑,而机会成本可能高达(年化)12%~15%。

3. 财务费用(财务杠杆)水平

企业使用任何资源都是有代价的,关键是代价是提前支付还是延后支付。财务费用一般是银行负债或其他有息负债的利息支出,也包含了汇兑损益。对于财务费用这个科目来说,如果是负数,则企业不仅不需要支付财务费用,还有存款利息(汇兑收益)的结余。

一般情况下,企业拿到银行贷款,除了很小部分是信用贷款外,大部分贷款都是需要抵押或担保的,相当于企业要承担更大的责任(风险),消耗担保或抵押资源才能获得足够的融资。

如果企业能够通过上游的应付账款、下游的预收账款这两个科目实现流动资金的净结余,则企业在财务费用上就能节约不少,也节省了抵押或担保资源。要想达到这两个科目的净结余或同时结余,企业的产业位势就很关键。

需要补充一下的是，有些工程建设（在建工程）方面的利息是要资本化再进入在建工程或固定资产的，不体现在财务费用科目里。所以，存在在建工程项目或房地产型投资（包括开发）时，单纯看财务费用科目进行比较是失真的。

另外，有些企业的在建工程达到投资预算额度或部分生产经营功能启用时，没有把全部或部分在建工程转为固定资产，仍然采用利息资本化的手法，这就不仅仅是财务规范性方面的问题了。

4. 净利润收现率（收现能力）

经营企业是为了盈利，能获得现金才是王道。

如果看账面的净利润指标很好，而现金流指标却很差，净利润收现率长期低于80%，一般是存在问题的。如果企业是为了加快发展，增加了库存或产品的储备（注意滞销风险），还是可以理解的；但如果是大量的应收账款，那就麻烦了。尤其若企业销售政策比较激进，在客户信用管理上比较放松，收入、利润指标都很漂亮，应收账款也大幅度提升，就会出现账面赚钱而没有现金回笼的情况。

案例：高应收账款叠加重资产

中药饮片生产和加工行业有其特殊性，分析行业排前三的企业，会发现一些明显的共性因素——都属于重运营资产类型。在资产结构上，主要有这几个方面：一是，生产设备投资金额高，有些生产管线和反应釜都是不锈钢材质，体积巨大，价格很高；二是，长期库存占用量大，在采购季大量备货，随后按月加工卖出，始终维持高库存的状态；三是，应收账款比例居高不下，下游经销企业的账期一般为3~6个月，甚至更长，属于应收账款驱动式增长模式。

中药饮片生产和加工类企业的净利润收现率往往较低，现金流回笼状况持续维持在低水平上。而且，由于运营资产比重高，折旧、摊销和财务费用占了企业成本费用的大头。这不是一个好的商业模式，需要源源不断的现金支撑企业扩张。

另外，生产空气热泵的行业也有类似的特点。企业的大客户主要是政府发包的"煤改电"工程，虽然毛利率有30%以上，但是现金回款比较差。这类企业（在剔除房产后）设备类固定资产比例较低，以外采零部件组装为主要模式（商业模式有一定优

> 点）。但净利润收现率持续走低，对企业健康发展是很不利的。这种商业模式并不能靠自身的规模来提升现金回款率，相对固化的现金回款方式难以改变。

5. 研发资本化率（费用化率）

对一些研发型企业，研发费用的资本化率是偏保守还是偏激进会直接影响企业当前利润。比如恒瑞医药的研发费用100%费用化，即便影响了企业利润，也不考虑资本化；而微芯生物的研发费用大概50%费用化，其余就资本化了，这相当于50%的研发费用被作为税前利润了。两者相比，显然恒瑞医药的财务处理更为稳健和谨慎。

对于研发型企业，若把研发费用全部费用化，而且长年如此，这是非常值得关注和重视的，也反映了经营层的战略格局和经营态度。

6. 应收账款（周转率）

金融或类金融业是通过应收账款形式获取利差的，而制造业或服务业的应收账款更多反映了商业模式的优劣和行业位势的高低。总体来看，应收账款存在或有损失和机会成本。

（1）应收账款本身不会增值，是未来预期的现金流入，必须考虑要承担时间价值的损失；（2）应收账款占用了企业的流动资金，存在机会成本，也要承担其中的财务成本；（3）应收账款存在损失风险，除非对方能够提供足额的其他资产质押或抵押；（4）一旦发生风险，后续的处置也是需要花费精力和成本的。

有一些行业，其特性就是存在大量的应收账款；有一些企业，因为竞争力偏弱，不得不承担应收账款的风险。所以，要估计无法收回的损失比例，金额的大小或周转率的高低，这会直接反映企业运营效率的高低。这个科目一定要关注，这也是分析商业模式优劣的关键点之一。

企业存在的意义或者说企业存在的第一原则是什么？是盈利，还是生存？如果把企业视为生命体的话，就需要源源不断地有现金流"输血"，而不是只考虑利润。或者说，单一的利润指标不能真实地反映企业存在的价值，还要考虑现金流、风险（安全）等更多指标。

分析企业不能只看净利润和 ROE 的高低，还要看各类资产的运营绩效，分析资产结构（应收款、存货、固定资产、预收款等比重）、经营结构（毛利率、费用率、净利润率）和绩效结构（ROE、收现比）等方面的差异，更要看各类资产的价值变化趋势，要以产业专家的眼光审视资产负债表。那些高位势的企业，会在资产结构、经营结构和绩效结构上有明显的优势。

第四节 现场与资产管理

细节决定成败,答案就在现场!

"精细化管理时代已经到来,企业的竞争就是细节的竞争,注重细节让你立于不败之地。"(松下幸之助)

企业经营离不开生产/服务环节(场景),通过生产/服务的现场可以发现很多问题,关键是如何寻找答案,如何找到那些有优秀现场管理水平的企业。

1. 卫生与秩序

企业不仅要制造合格的商品，更要培养合格的员工。员工的"工匠精神"需要一点一滴地塑造，不是一蹴而就的。

对于生产车间的秩序管理，要做到忙而有序、小而不乱、旧而不破、挤而不脏。

比较好的工厂管理，往往会立足于6S——整理、整顿、清扫、清洁、素养、安全。

6S源于5S，指的是在生产现场，将人员、机器、材料、方法等生产要素进行有效管理。它针对企业中每位员工的日常行为方面提出要求，倡导从小事做起，力求每位员工都养成事事"讲究"的习惯，从而达到提高整体工作质量的目的，是日式企业独特的一种管理方法。我国企业在5S现场管理的基础上，增加了安全（safety）要素，形成6S。凡是进入日资供应链系统的国内工厂，6S都做得不错。而没有进入日资供应链的企业，在6S上的重视程度就参差不齐了。从这点来看，进入外资企业供应链，提升了本土企业的管理水平，这点也是一个加分项。

不管是现代化、整齐有序、自动化程度高的工厂，还是变旧、老化严重、自动化程度低的工厂，工厂的卫生、秩序等方面管理都需要到位，都需要把6S管理落到实处。

案例：卫生也是壁垒

在一些养殖行业，卫生状况不仅决定了产品的生产成本和竞争力，更关乎企业的生死。在2018年"非洲猪瘟"肆虐之时，很多采取散养模式或规模较小的养殖企业，因为卫生原因导致企业损失惨重。在"非洲猪瘟"疫苗发明之前，严格的卫生管理就至关重要了。那些卫生防控防疫做得较好的企业，反而能够在危机中抓住发展机会，加速推动行业集中度的提升。

---

2. 工效与生产系统复杂性

用工效率，如制造业，不仅可以用人均车床数量（或人均有效车床工时）的高低来分析，而且可以靠单件加工零部件的节拍数量来分析。打个比方，若加工工时长，而上下料的时间相对较短，那就可以让一个工人负责多台设备。而如果加工时间短，而上下料时间长，又没有自动上下料的工具手，用工效率则会比较低。

考虑用工效率时，不仅要考虑人工损耗，还要考虑设备的修整和准备时间，要用每日单产或每机单产来衡量生产效率。

> ### 案例：生产组织的持续优化
>
> 随着用工成本的提升，很多企业不断提升自动化水平来提高效率。另外，还可以通过对生产现场的班组管理进行创新，实现降本稳效的结果。
>
> 企业可以把生产班组的白班与夜班合并为一个生产小组，其中，白班人员稍多，把全天的工作任务所需材料一次性申领到位，夜班只需要上下料并做好生产设备的维护即可。
>
> 另外，通过白班和夜班的合并考核，缩减生产小组的数量，减少白班和夜班的冲突，也减少生产人员的数量，则可以明显提高人均产值。

另外，还要考虑生产系统的复杂性。生产系统的复杂性，可能是产品本身的复杂性所导致的，也可能是为了提高生产效率。

《崩溃：关于即将来临的失控时代的生存法则》一书提出了复杂性和耦合性概念，其中，耦合性是指系统各部分之间的连接程度，分为紧密耦合和松散耦合。紧密耦合是各部分很少有松动或缓冲，一个部分失误会影响其他部分；而松散耦合则相反，各部分之间有松动的地方，一个漏洞不会影响其他部分。

对于耦合紧密系统，必须精准无误，大体准确、差不多都是不行的，也不能期望错后返工或者过程中替换。

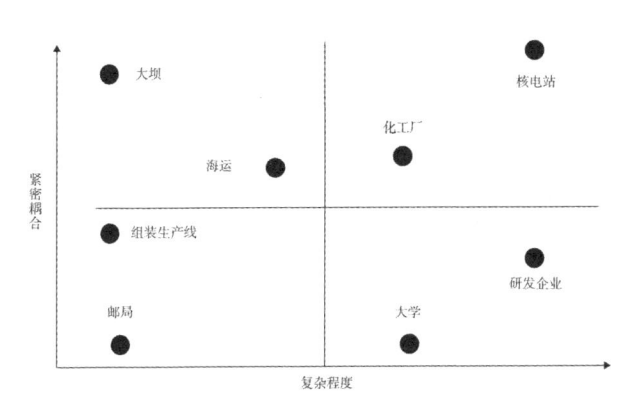

生产系统的复杂性和耦合性

从风险角度来看，可以把紧密耦合性理解为当系统发生问题后人工无法快速识别或无法快速中断系统的运行过程，是不存在风险冗余的。对于这类生产系统，一旦发生"崩溃"就是毁灭性的，资产损失严重或造成巨大的社会公众风险。

应用这类系统的大型或超大型企业，和此类企业的上游供应商，都是数量相对有限的，也属于经营难度非常大的行业。互联网迭代思维则恰恰相反，强调速度和迭代，允许犯错和更正。

为了防止崩溃，需要牺牲创新或效率，需要在其中进行权衡。潜在的方向是，减少复杂性，降低系统的耦合性，比如把连续性过程分段，或减少系统工程的危险性。另外可以改进系统的迭代方式，比如航空公司根据空难修改安全规程，在不断保持紧密耦合程度的情况下，减少犯错的操作或信息输入（内部管理）。

对于这类耦合性高的系统，面临两类常见风险：一类是生产系统修正后的完备性和准确性，比如更改软件程序类的工作；一类是系统本身遇到零部件失灵或外部导入风险，比如日本福岛核泄漏事件。

3. 仓储与存货

任何管理规范的企业仓储库房，都应该是干净有序的，信息化管理水平及条码化程度都应该比较高。如果还是采取人工管理为主的方式，明显就是不太成熟的企业管理方式。对制造型企业，工序中所生产的半成品要及时入库，加工单元的物料领取要按一个班、半天或天为周期，不能在车间过多摆放，导致损坏、遗失或拥堵。

对于企业生产和销售所需的必备存货，考虑库存一般都会有贬值的风险，一定要重视库存总量的大小及周转率的高低。对于没有合理解释的高库存总量和低于行业平均水平的周转率，一定要保持必要的警惕。

不同库存的贬值风险也是不同的，其中专用的原材料和半成品贬值风险大，而基础原材料（尤其是有色类大宗商品）则受市场供需而上下波动。

案例：库存跌价或过季

国内特有的中药饮片生产行业，往往会有大量的中药原材料（包括成品）库存，虽然个别品种会有增值空间，但原材料跌价风险很大。该行业企业普遍采取备货式生产的模式，在收割季节大量收购，平时月份按需销售或补库，金额之大往往会占据流动资金的一大半。对所有制造型企业，只要不是订单式生产或受托加工的商业模式，都会遇到这类问题。

一般来说，生产型企业为了能够平稳生产线的产能以及为旺季备货，都会保持几个月的存货（包括原材料）。库存对服装行业来说最为危险，甚至致命。春天卖不掉的衣服，不可能在夏天、秋天或冬天去卖，要隔一年才能卖掉；而对一些有流行元素的款式（比如2008年北京奥运会款式），如果不能当年卖掉，说不定就永远压在手里了。

而高档白酒行业，尤其是知名品牌的高档白酒，存货往往不会贬值，反而还会增值。

4. 核心设备（国产化或自产）

要分析核心设备的自研自产水平、国产化率、实际折旧/贬值速度以及技术折旧速度。对于那些账面价值提完折旧后，仍然能够长期运营的设备类固定资产投资，则有一种潜在的收益。

（1）自研自产水平

如果企业的关键核心设备是自研自产的，或者对核心设备有很强的优化能力，那么，该企业至少能够在应对上游设备供应商时有一定的话语权。

对于这类企业要给予重视，这类企业能够在关键工艺（环节）上使用自产（或自行设计）设备，其经营壁垒就要高上一大截，从中还可以发现企业经营层的战略远见及对研发投入的执着。

（2）国产还是进口

国内企业选择国产化设备的好处是提货及时和成本相对较低，同样，竞争对手也会容易获得相应技术性能的设备，为此，加工工艺或市场资源反而成为同行企业竞争的焦点所在。如果采用进口设备，由于设备本身往往较为昂贵（不能国产的往往比较贵），再考虑设备订购的时间，固定资产比重也会有所上升。

要对企业所用核心设备的来源做分析，设备获得难易程度及设备调优能力都是要重点考察的。如果国产设备能够达到与进口设备相仿的性能，则使用进口设备的企业的盈利能力就会下降。同时，也要考虑国内设备厂家往往处于追赶状态，采用进口设备的企业一般实力较强，在工艺稳定性和质量一致性上会略胜一筹。

（3）实际贬值/折旧速度

企业所用的加工、包装、运输等机械类设备都会贬值，重点应该放在这类固定资产金额的大小（周转率）及更新周期（再投入）上。有些设备，比如简易型的包装设备，即便折旧提完后，还能用很多年。所以，更新周期其实是远远大于账面折旧周期的，这点值得关注。

对于一些高精尖的设备，设备本身的磨损会导致使用寿命的快速下降。而且，由于技术进步导致更高精度、更高效能、更便宜的设备面市，即便现有的设备尚未完成折旧或还有较长使用寿命，实际上也大幅贬值了。

如果更新周期和账面折旧周期相仿，甚至更短，那企业就疲于更新设备，大量资金就会被设备所占用，最终企业是在为设备"打工"。或者，企业所获盈利不得不大批投资到设备上，以维持必要的工况水平和保持原定的产能和效率。

也有一些特殊的案例，如白酒企业的酒窖。一般情况下，新建的酒窖算生产设施，本身不仅不会折旧，反而会增值（窖龄酒卖得更贵），这就带有不动产的属性了。

> ### 案例：核心设备自研
>
> 能否在核心加工设备上做到自研自产，决定了企业的竞争力和行业位势。有企业在 MLCC（片式多层陶瓷电容器）所用纳米生产制造环节的核心设备上做到了自研，并依据独特的生产工艺，开发出了成套制造设备。其独特工艺相比行业其他工艺路线，虽然生产成本上有一定的劣势，但在处理难度上比较简单，从而形成了工艺路线的优势。
>
> 这种独特工艺+独特设备的综合型模式，不仅能够使企业保持竞争优势，还能节约企业固定资产的投资。在当前越来越重视环保的氛围下，企业独有工艺及成套设备的竞争优势越发明显。

5. 土地与厂房

即便是工业用地，在过去的城市化大趋势下，土地的价值一般不会贬值，还有增值的机会。

土地属于长效资产，如果在土地上花费过多，甚至是长期闲置，最终会影响企业的运营效率。有些企业抓住各地招商引资的机会,圈了很多工业用地,虽然价格不算贵(扣掉各地的税收或投资返还),但这个长期性资金占用的损失也是很大的。作为投资者,也能从中看出企业家的发展思路和格局,是备后续发展所需,还是图便宜囤地待涨?

厂房资产是不可能永续的,账面资产也会持续贬值。对于那些处在高湿地段,采取钢结构类、钢筋混凝土类的厂房,其折旧(折损)会更加厉害,资产重置周期也会短一些。退而求其次,与其把资金投资在厂房上,还不如放在土地上。另外,企业厂房的空置,也不如土地的空置。厂房空置占用了更多的资金,且厂房即便不使用也会有折损,这就属于双重浪费了。

对那些处在城市较为发达地段的办公楼或商业楼宇,随着城市化发展,其账面折旧并不是实际折损,实际价值是在不断增长的。所以,如果把办公楼或商业楼宇作为生产性资产,这个资产可以获得稳步增值的机会,其增值率与城市化、经济增速、城市投资强度密切相关。

除此之外,土地的地段和资产的形态,对企业经营绩效也会有明显的影响。比如,位于市区的商务型酒店往往比较紧凑,而位于景区的度假型酒店则一般为低矮建筑且分布较广,两者在日常经营能耗上的差异非常大。由于度假型酒店普遍比较低矮,占地面积大,过道和走廊比例高,夏天和冬天的能耗就会高出不少。同时,度假型酒店在单位客房的服务人员比例上也相应高一点,还要面临非常明显的季节性经营波动，又会反过来影响人力资源的配置和效能。

6. 商誉（无形资产）

商誉往往是并购产生的，也有些是自身投资产生的，这直接和被并购资产的质量挂钩。从长期来看，除了消费品属性强的资产外（如果盈利能力下降，贬值风险也很大），其他类资产尤其是科技类资产，商誉贬值的风险极大。有些资产的盈利能力极其依赖行业环境的变化，一旦竞争程度达到寡头垄断阶段，一些资产的价值可能就会清零。对这些行业"并购之星"，要慎重分析其商誉。

对无形资产也是如此，一些研发或专利，最终的实际价值和给企业带来多少利润，是很难精确计量的。换句话说，企业中专利的贡献度，尤其是账面价值较大的专利贡献度，本身就是一种比较模糊的状态。所以，那些把无形资产投入费用化的企业，其资产就相对扎实些。

另外，企业品牌价值有时候并未在报表中体现，尤其对于那些自创的品牌；而并购的品牌，反而会有商誉资产的存在。为此，对并购的品牌，如果品牌位势下降或丧失曝光度，即便是曾经的领导品牌，其价值也会大幅度萎缩，不能再以原来的价值视之。

投资者需要牢记"企业经营所节约的，就是股东所赚到的"。那些账面上体现为折旧、摊销或计提坏账准备，而资产本身却在增值的，相当于节约了税款，或相当于税款延期支付，这部分都是股东赚到的。

在投资分析时，一定要重点分析企业资产负债表，资产负债表反映了企业各类资产的现状、风险和盈利能力。企业资产的增值或贬值，将直接影响企业经营的实效，也影响投资回报的高低。

另外，在数字经济时代，企业的核心资产不仅是生产设备、土地和厂房，还有IDC（互联网数据中心）、网络带宽和数据运营等综合技术和能力。这些核心资产未必体现在资产负债表上，但对企业的发展至关重要。

第五节　壁垒与经营难度

行业的进入壁垒、经营难度及企业所构建的特色优势，组成了企业的综合性壁垒，也决定了企业产业位势的高低。

1. 行业进入壁垒

行业进入壁垒，一般指外部潜在竞争者进入这个行业并获得起点规模的难易程度。或是多年积攒或构筑的技术优势、资金优势，或是政策性及天然垄断性壁垒，或是生产或服务过程中的技术诀窍，这些都是针对行业进入环节的。

借鉴生产函数来分析：资本（钢铁、重化工等）、技术（半导体、医药等）、劳动力（纺织、服装等）或土地（农业、光伏发电等）等属于要素密集型；而特许牌照（银行牌照、保险牌照等）或天然垄断性要素（电力、水务、管道煤气等）也可以成为行业性进入壁垒。

在本文中，除非超大规模投入或长期持续的高强度资金投入，否则不视为进入壁垒。

（1）技术性壁垒

技术密集型的进入门槛最高，因为技术突破有偶然性，也不能通过突击花钱来实现突破（通过并购也未必能够买到想要的技术）。而其他几个要素，都可以通过资本的饱和或过饱和投入（或收购牌照）来实现跨域，解决资本问题短板就能弥补其他短板。

比如，对半导体生产和制作行业，其中大数量级制程的加工制造环节进入门槛并不算高，通过资金的投入大部分能够实现；而小数量级芯片制程的门槛则非常高，而且行业顶尖人才屈指可数。

（2）天然性壁垒

公用事业如电力、水务、管道煤气、公路、机场、铁路、电信铁塔等属于天然性垄断。这种天然性壁垒行业，企业经营面临的挑战相对较弱，很容易产生惰性，经营开销可能也不够节俭，精细化管理动力有所不足。

存在天然性壁垒的行业，在产品或服务的价格上往往有政府管制，这也制约了这些企业跨域成长和提升盈利回报的空间。

（3）政策性壁垒

目前，如石油、电信、金融等行业，都属于进入壁垒较高的行业，需要持牌经营。对于军工行业中某些特殊产品，尤其是高科技产品，不仅进入门槛高，如各种证件的申领及审查，而且在产品品质上也有很高的技术门槛，如雷达、导弹等，属于"政策+技术"双重进入壁垒。

进入壁垒的存在减少了市场供应，造成"物以稀为贵"，会产生溢价。而比如开一家餐馆、中小型商超、冷饮店、中小型酒店等都是属于进入壁垒比较低的，也是比较难赚钱的。

2. 行业经营难度

经营难度则体现在运营层面的难易，是否需要持续不断的各类资源要素的投入，是否需要持续消耗资金资源，是否需要不断满足客户（顾客）易变的需求。这主要针对的是进入后的经营环节，如果不能对经营难度有充分的认知，就无法提前预判未来的经营困境，也就无法有效应对潜在的经营风险。

行业进入壁垒和行业经营难度是两个不同的概念。

行业进入壁垒和行业经营难度

行业进入壁垒	行业经营难度	
	易	难
高	公用事业	芯片制造、创新药
低	物业、环卫服务	生鲜零售、服装零售

注：企业在应对行业性经营难度时的创新举措，有可能转化为自身独有的经营壁垒，尽调时须密切关注。

通常情况下，公用事业的经营难度是比较小的，尤其是有天然垄断性的行业，如电力、水务、管道煤气、公路、机场、铁路、电信铁塔等。一方面是因为传输通道本身的独占性，最终导致经营难度的下降；另一方面，这些服务的内容常年不变或者变化不大，如电力、水、煤气等都是标准品，而机场、铁路等服务也变化不大。这些行业内的企业，几乎不会主动去做广告，因为不需要面对终端客户来拓展市场，也不需要为获得终端客户的认可去做广告。

以下几种情况，企业经营难度会比较大：（1）需求多变/易变（如产品需要创新）；（2）库存跌价（资产的损失及风险）；（3）有效经营时间短（如冷饮、露天滑雪场）；（4）技术难度大（如需要不断迭代创新）；（5）产业链的弱势地位（位势弱）；（6）偶然事件冲击大（如瘟疫对养殖业的冲击）。

（1）需求多变/易变

由于个人消费品市场具有天然的分散性，那些能够直接2C的行业，一般都是相对容易进入的。但是，能否打造一个知名品牌，以及这个知名品牌所树立的经营壁垒的可靠性，还要看产品本身的变化频率（包括技术进步）。如果产品需要不断更新、不断变化（如服装行业的潮流变化），这种经营的难度就很大，所建立的经营壁垒也较弱。

品牌服装行业（如女装）的经营难度就比较大。虽然设计和加工制造环节比较容易，但销售（需求的预测、潮流的把握）和库存管理的难度非常大，属于典型的产品须持续迭代、经营难度很大的行业。而这个行业的进入门槛并不高，属于容易进入、难以经营、难以形成壁垒的行业。

有些著名的影视或体育明星，跨界进入餐饮和服装等行业，利用了行业低进入门槛、受众广和个人高知名度等机会，试图实现个人知名度的变现。但是，能够长期经营下去且做出品牌和规模的案例并不多见，问题就是这类行业的经营难度并不因为明星而发生改变——不断变化的需求、不断变化的口味等，明星也许不具备克服这些经营难度的能力。

很多行业存在老产品（汽车、家电、电子产品等）的价格持续下降的趋势，而这些企业为了应对利润减少不得不持续推出新品，把价格再次提升起来，以增加企业或行业利润。有类似趋势的行业，都是需要重视和密切跟踪的。这类行业的企业面临两重风险,第一重是老产品需求持续下滑的风险;第二重是新产品是否能够满足新需求的不可知风险。为了抵御产品价格下行的压力,这些商品会"凸显"品牌,通过品牌来标价(锚定价位和行业位势),并把老产品的有利定价顺利迁移到新产品上,减少新产品面市的不确定性。

案例:产品不断迭代,增大经营难度

服装类行业比较难经营,尤其是女装类,最终都要靠产品的不断变化(呼应潮流)来支撑品牌,国内还没成长出一家在女装上独树一帜的品牌。相对而言,体育类服装要容易些,如安踏、李宁等品牌都走出了国门。

饮料类的可口可乐、雪碧等配方常年不变(外包装常换),通过不断做促销的方式巩固所建立的品牌壁垒,国内的农夫山泉矿泉水和娃哈哈纯净水也是如此。这类2C行业都比较容易进入,而防守方面则不太一样。饮料类知名品牌比较容易守,而服装鞋帽类根本无险可守。

正如《3G资本帝国》所描述的,3G公司所做的并购案例,不是啤酒(英博),就是食品(汉堡王、亨氏），都是那些品牌强而经营弱的陷入"窘境"的企业（所谓的"折翼天使"，即曾经的优势品牌），都是有护城河的，是可以通过改善管理来挽救的企业，是需求变化不大的行业。

巴菲特购买的喜诗糖果（see's candy）公司就是如此（配方几乎变化不大，只调整包装。一年四季都可以卖，节日期间生意更旺）。1972年巴菲特全资购买花了1500万美元；截至2007年，累计13.5亿美元税前利润，净利润约12.6亿美元。2007年度喜诗的税前利润是8200万美元（净利润约7600万美元），假如喜诗当前的合理市盈率是10倍的话，那么，伯克希尔·哈撒韦公司从喜诗获得的红利加上喜诗当前的合理市值，是初始投入的134倍！

（2）库存跌价

像服装这样的行业，一旦过季，库存的价值会大幅度缩水。还有以大宗商品为原材料的行业，如果没有通过合同（期货套保）锁定原材料价格，一旦价格发生大幅度不利变动，企业利润也无法弥补价格波动的损失。

一些酒店等服务业的库存，比如客房（时段服务能力的库存），如果在经营时间内无法实现销售，库存价值就清零了。

诸如食品行业，保质期较短的商品库存风险就很大，如保质期3~5天的面包、保质期5~7天的鲜奶、各类水果等。还有绿茶，当年出售的价格最好，隔年的价格就会大幅度下降。这些易腐烂的库存，都会导致经营难度的增加——客户非常关注新鲜程度，必须通盘考虑物流速度、展示需要和合理库存的配比。

电子消费品的库存跌价也比较明显，新品隔年的价格会下降一大截，而成本却没有这么大的下降幅度。

案例：ZARA 规避存货的模式

1975年设立于西班牙的ZARA公司隶属于Inditex集团。ZARA作为"快时尚"的鼻祖，采用了小批量、多批次（包括补货）的供应模式，其每年推出1万多款新设计，供应链能够做到在不到两周的时间内完成制作并销售。相关行业的传统模式是"品种少，批量大"，ZARA的库存只有6天，而H&M是60天。

这个模式承担了高生产成本（在西班牙生产，有14家高度自动化的工厂，并配备位于西班牙和葡

> 萄牙的300家中小型供应商）和高物流成本（飞机或快递运输、小批量发货、多次送货，24小时送到欧洲、中东及美国商店，48小时送到亚洲和南美洲），能够灵活机动地提供款式众多的商品。ZARA做到了毛利率和净利润率与H&M相仿，但库存数量更低，可见其经营质量更胜一筹。

（3）有效经营时间短

每年365天，每天24小时，企业是否都能正常或顺利地开展业务？如冷饮在冬季就难以销售；而露天滑雪场只有在冬季才能经营；还有丝绸产品，主要在夏秋销售；等等。

企业运营的有效经营时间，不仅反映营业收入的时间分布状况，更需要考虑为获得这些营业收入的资源投入，以及在无法有效运营时的各类资源的损失和消耗。首先，是设备等资产的闲置和浪费；其次，是员工的招聘和安置；最后，是运营重启的新增资源再投入以及其他相关问题等。这些都属于行业性内生的一些经营困难。

同样，为获得行业平均水平的收益，在有效经营时间内，企业所提供的产品和服务的创利，必须能够覆盖在有效经营时间上的损失。同时，还需要尽可能多的客户来认购或体验这些产品和服务,这些来自市场方面的压力,对企业经营再次提出了挑战。

而基于互联网或移动互联网的商业模式,如电商、视频、广告等商业模式,则提供了 7×24 小时的服务,有效经营时间是全天候的,因此,这类模式就存在天然的优势。当然,如何保证每一分钟都不死机,则是另外一个层面的事情了。

(4)技术性壁垒

有些技术密集型的行业,其经营难度比较大,即便获得暂时的市场领先地位,也未必能够笑到最后。行业领先者必须源源不断投入研发,才能维系现有的竞争优势,才能打赢每一场技术争夺战。在产能周期和市场周期双重波动的影响下,企业必然要经历市场低迷期,还要力争能够存活下来。

行业追赶者对行业技术进步的贡献是巨大的:一是追赶者发明了新技术,实现了技术突破;二是技术追赶者给领先企业施加了巨大的竞争压力,让领先者不敢懈怠,不得不努力奔跑。

案例：半导体制程竞争激烈

从半导体发展史可以发现，半导体加工的最先进制程是从美国转移到日本，再从日本转移到中国台湾地区和韩国。目前，中国台湾地区的台积电是领先的。在这个领域，除了需要资本高强度投入（台积电每年安排超过100亿美元的资本支出，2019-2020年规划了300亿美元的投入），还需要不断迭代技术和投入新型设备，没有其他更好的办法。

从日本、韩国和中国台湾相关企业案例可以发现，要在行业萧条期间逆势超大规模投入，甚至通过政府大力支持"越亏越投"，直到竞争对手先行倒闭退出市场，最终实现超越。近5年来，台积电在CPU等芯片代工制程上，一直领先三星、英特尔等竞争对手，给竞争对手施加了非常大的压力。

而中芯国际在追赶台积电的路上，已经走了近20年，仍然在不断缩小差距、不断追赶。这也从另一个角度说明，技术越加速演进，追赶的难度越大。这类行业进入难度大，经营难度也大。

第三章 产业位势

（5）产业链的弱势地位

如果某个企业的上下游集中度都比较高，则该企业的经营难度就比较大。比如，汽车行业的主机厂在选择零部件供应商时，都会主动进行分散以保障自身供应安全；而且，还会要求每年价格下降 2%~3%，这些汽车零部件企业的经营难度就比较大。购买上游的原材料往往是现金拿货，销售给下游主机厂往往被挂账，且一拖再拖，而其他费用又不能拖欠，利润只会越来越薄，只能靠提高效率增加盈利。

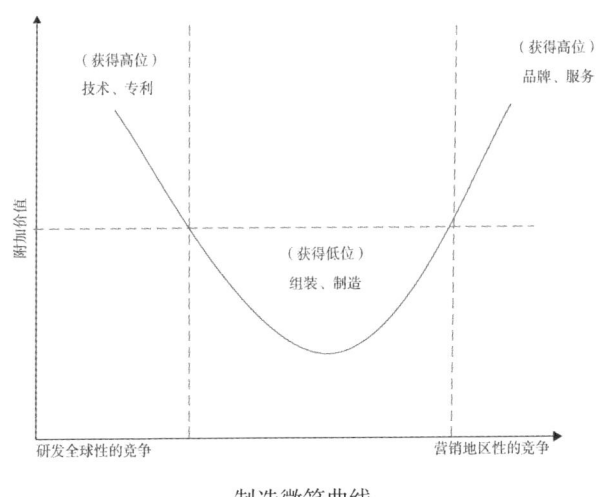

制造微笑曲线

宏碁集团创始人施振荣在 1992 年提出了"微笑曲线"（smiling curve）理论，并以此作为宏碁的策略方向。微笑曲线理论的核心是选择附加值高的环节，只有不断往附加价值高的区块移动与定位才能持续发展与永续经营。

对于一些制造业，尤其是处于产业链中间的制造业，天然地处在了"组装+制造"的较低附加值环节。这些制造业往往采取加工费的定价模式，加工费大概包括原材料使用及消耗的成本+资金成本+人员生产成本+设备折旧+销售及管理费用等。

而台积电的芯片制造却不同，这种技术和资本双重密集型制造业，通过构建自身的优势位势，可以从芯片产业链中切走很大一块蛋糕。

（6）偶然事件冲击

2018年爆发的"非洲猪瘟"事件，就是一个典型的例子。古人云"天有不测风云"，讲的就是这个道理。又比如电影行业，如果主演艺人爆出一些不符合社会主流价值观的言行，这将直接导致整个影片延迟上映，甚至重拍。

在受到偶然事件冲击时，不发生颠覆性风险，或者说具有"熬"过去、"熬"出头的能力，这是至关重要的。

从上面的经营难度来看，如果企业能够消除这些经营难度，就有可能建立自己的独特优势（如ZARA）。这些经营上的痛点，恰恰是产生独特价值的地方。

如果一个行业容易经营，竞争对手也会众多，就更需要构筑一个与众不同的经营性壁垒。

第四章 扩展能力

> 世界是平的。
>
> ——托马斯·弗里德曼

榕树有独木成林的特点,体现了极佳的扩展能力和成长性。

如果企业现有业务确定性高,业务的扩展性又有想象力,相当于在确定性的基础上赠送了一个成长性期权,这样的投资是更优的选择。

第四章　扩展能力

企业发展是一个永恒的命题,而如何发展则是一个现实问题。

在市场经济这个生态系统里,有些企业能够不断茁壮成长,有些企业只能困守一隅,还有些企业仅仅昙花一现,这是何故?除了经营层主动积极等主观因素外,企业所处行业的发展趋势、产业链位置、现有的经营性资源等综合体现出的扩展能力是决定性因素。

那些能够跨越一个又一个细分市场,甚至跨越行业界限的扩展能力,可以不断撑高发展的天花板,拓宽成长的空间，这才是股权投资者应当重点关注的企业。

而企业自身更应该对未来进行聚焦式投资，企业的未来在哪里？如何创造未来？面向未来的投资行为又如何？如何把扩展性机会变成扩展性成果？这些都受制于扩展能力。

1. 有扩展性资源

首先，企业必须有扩展性资源，诸如客户群、产业链、技术应用等方面可供业务延展的资源。

（1）客户资源

客户资源是企业最有价值的外部资源。

2C类企业有大规模的客户群体，如果在客户群体中拥有足够高的品牌知名度和足够广的渗透渠道，就天然拥有了扩展性（向上游和横向）资源。由于2C类客户群体有广泛而类似的需求，这类企业作为产品提供方，可以相对容易地在客户需求上进行品类和品种拓展。这种客户资源为企业提供了可预期的扩展性，是值得重点关注的类型。

如一些做饮料产品的企业，当其扩展自身的品种和品类时，在生产设备、渠道、客户群等方面资源都是重叠的。可口可乐、娃哈哈、农夫山泉等国内外知名的饮料企业，不仅扩展了品规，还延展了品类，都充分利用了既有的灌装、物流和渠道等共性资源。对于那些拥有领导品牌的企业，还可以利用其品牌强势地位，采取"搭售"或"组合"

等方式，推动新产品入市和销售，加快新产品销售上规模。

案例：终端客户群（C端）的黏性

2C企业的核心优势在于客户群体的黏性（忠诚度）。国内外著名的视频平台，如奈飞、爱奇艺等视频播放平台，先后大规模进入自制剧领域，形成了外买剧和自制剧两条腿走路的发展模式。这既可以逐步减少对外部影视剧的依赖，也可以树立自身在产品上的差异性。而国内外航空公司先后推出了自己的航空公司APP，提供预订、改签、值机和积分等服务，覆盖了原有通过OTA（空中下载技术）的预订渠道，与乘客直接建立了双向联系。这些商业新举措的背后依托了2C端客户群体的黏性优势，通过加强与客户的联系和互动，进一步巩固了自身在2C端的优势地位。

另外，即便一些相同商业行为背后的逻辑也是不太一样的。比如，华为开发自己的手机CPU芯片，跳过了运营商，直接进入C端，用C端增长来拉动芯片的应用和销售。而亚马逊的商业逻辑则有所不同，它开发服务器芯片是为了把云技术的核心掌控在自己手里，并把一些核心技术整合到自身的内部

> 供应链,从而提高云服务的能力和差异性。苹果公司在推出手机之前就启动了自研芯片,一直尝试通过并购补强或替代核心部件供应商,最终也是为了增强2C端的竞争力。

随着竞争的加剧,企业为满足消费需求所花费的成本也会越来越高,而那些能够满足2C端需求且上游产业链非常长的企业,就存在巨大的扩展空间。这类企业通常与食品饮料行业不同,食品饮料行业的产业链相对较短,向上游扩展的潜力和空间并不大。

(2)需求延伸

通过现有产品及技术进步,或通过功能延伸,进而满足新生需求,则是另外一种扩展性。这种以新需求拉动新应用的扩展性是无法提前预期的,而那些信息处理技术或芯片技术等诸多行业的共性技术会拥有较强的扩展性机会。

英伟达一开始以显卡(GPU)为主营业务,随着人工智能的兴起,GPU技术逐渐被人工智能领域所采用,这就是需求延伸带来的业务扩展性。英伟达公司市值在2016—2018年快速拉升,主要是GPU在人工智能领域应用的大规模提升所致,以机器学习和计算中心为主的市场空间为企业发展提供了较大的想象空间。

第四章 扩展能力

信息处理技术的持续迭代，主要是需求拉动了技术的进步，更快的处理速度、更复杂的处理任务、更低的成本导向等，引导了技术变革的方向。

案例：需求的扩展性

信息技术扩散背景下的第二代企业（第一代是计算机/服务器等企业），是以互联网为载体的企业，第一波是互联网浪潮，第二波是移动互联网浪潮，这其中有很多典型案例。

苹果、亚马逊等公司，它们既有软件企业的特点，也有online的特点。如苹果从PC开始，先后介入了iPod、iPad、手机、流媒体、音乐、电视等领域，依托自身的iOS系统和iTunes，不断扩充产品线。而亚马逊从书籍电商起步，后续扩展到各个品类，进而开放平台，再进军云服务和视频流媒体，之后又进入了无人零售和生鲜销售等。

移动互联网技术的发展让2C端企业可以覆盖更多的终端客户，覆盖的成本更低，而效率更高，这也改变了传统的商业组织形态。原来的商品（服务）分销模式是一级接一级、一个区域连一个区域，类似矩阵结构。这种分销模式解决了企业与客户群体之间的地域跨度大、接触面受限等问题，也考虑了流通的效率与成本。

随着移动互联网技术的发展，这些障碍和困难都被移动互联网所打破，打通了企业与客户之间直接的点对点联系。智能手机所实现的随时随地 online，其实更像人的智能化（升级了人随时随地处理信息的能力）和人类需求的 online（相匹配的是商流、物流和资金流基础设施的完善）。

这个特点让那些拥有移动互联网特性的 2C 端企业明显受益，这些新兴的 2C 端巨型企业，要么横向跨界，要么向上拓展，依靠 2C 端黏性的优势，通过上下游一体化和横向多元化，最终大幅度拓宽了企业的成长空间。

（3）产业链资源

更长的产业链则提供了一种战略纵深和扩展的可能性。

企业选择产业链中某个位置立业，既是一种主动选择，又是一种基于机会和能力的被动选择。这种选择会限制企业的扩展空间，而囿于自身的资源能力，企业也不得不放弃其他选择。

通过分析当前产品与核心器件或部件之间的技术和供应

链距离，可以判断出扩展性的难度和可能性。一般来说，如果现有产品本身就是属于核心器件或核心部件系统，则企业所处的位势相对较好，扩展性也较强；如果只是处于边缘性的简单加工环节，则企业不仅位势较弱，扩展性也弱很多。

总体来说，最容易看清楚的扩展机会是在产业链内，企业实施业务扩展时对所处行业资源的调用也相对容易些。比如，ICT（信息与通信技术）行业是IT（信息技术）和CT（通信技术）两大行业的融合，ICT行业所集聚的两大行业的共性资源，推动了CT行业内的大批通信企业纷纷进入IT行业领域。

从这个角度就能理解当前颇受追捧的造车新势力现象。投资者和创业者不仅仅是受特斯拉的影响，看到了2C端产品价值最大化的发展趋势，更是发现了汽车行业广阔而巨大的产业链空间。这其中有未来整车销售的空间（新能源车替代内燃机车），还有向上游拓展的空间（向电池、电机、电控等核心零部件扩展），以及消费场景扩展的空间（导航、租赁、预约、娱乐等核心应用场景带来的服务增值空间）。

（4）生产设备或技术共用性（专用性）

企业现有的生产设备和技术为拓展新领域创造了机会，既可以节省新的投资成本，又可以充分挖掘现有资产的价值。

如戴森的吸尘器、电风扇和吹风机，都是利用了其与马达相关的专利和技术，这是一个典型的利用现有技术基础进行业务拓展的案例。

案例：技术扩展性

唯有科技能超越时代，互联网技术型企业作为当前最富有想象力的时代企业，用不断攀升的市值一再验证了其行业的扩展性。

2018年，苹果、亚马逊的市值先后突破1万亿美元，创造了资本市场新历史。这本身可以视为一个信号，公司这个经济组织更大了。被称为独角兽的企业，市值以10亿美元为门槛，而如果有一天能成长为1万亿美元市值的企业，那就是1000倍的空间。

这些庞然大物产生有以下几个原因。

第一，世界市场开放带来的外部机遇。这些跨国公司通过区域性扩张，把现有的产品和服务拓展到不同的区域，实现了持续增长。典型的如沃尔玛、可口可乐、麦当劳等公司，迅速通过产品国际化、网点国际化、生产国际化，成为第一代跨国公司。这类公司仍然要加大固定资产投入，以实现供应链的国际化和再优化。

第二，信息技术扩散带来的内在优势。信息技术拓宽了企业的管理边界，更拓宽了企业的业务边

> 界，可以覆盖越来越多类型的消费者，满足不同类型的需求，同时还有很高的运营效率，规模不经济的阈值被大幅度提高了。典型的如微软和英特尔，其边际生产成本接近于零的软件行业特点，使得扩展更为迅速，业务遍布全球。

从市场空间来看，应用面广的技术，扩展性就强，就有可能影响和改变世界，创造奇迹。互联网技术的应用面就非常广，已经深刻地改变了全世界。而且，半导体、互联网和移动互联网等技术都是一脉相承的，都是ICT领域的巨大技术变革。所以，一定要重视那些应用面非常广的科技突破，硬件也好，软件也好，都有很强的扩展性，有可能在改变世界的过程中创造巨大的产业价值。

2. 有扩展性方向

企业的业务扩展，主要是通过创新实现需求替代，这是最容易理解和判断的，也是最明朗化的机会。所谓替代，就是用一种产品和服务取代另一种产品和服务，满足消费者现有的或潜在的需求。

（1）场地或消费场景的替代（需求的集中）

如果满足需求所提供的产品或/和服务并没有发生变化，而对需求的地域（场景）、时间（连续或间歇）、品种、交付等方面进行了集中（或替代），把零散的需求集中起来，并实现需求的规模化，就是一种商业模式方面的创新。

例如，购物商场是对超市、专卖店、便利店等中小型消费场景的替代，这种场景的替代是一种需求的集中；线上电商对线下大部分零售类消费场景实现了替代，也是一种需求集中；视频点播网站对电视机、电影院的替代，满足了人们娱乐方面的需求，同样是一种需求集中。

实现需求集中的主要诉求是甩卖货品或吸引客流，而最能体现商业模式创新价值的是提高运营效率及交易便利性。这种商业模式的变革往往会表现为一种扩展性，能够获得更大的营收和绩效，也会体现出顽强的生命力。所以，那些能够有效实现需求集中和规模化，且有较强扩展性的商业模式创新，很可能会成长为商业巨擘。

（2）品牌方面替代

由于产品之间的差别并没有那么大，更多要靠宣传或附加一些特殊的属性，让消费者改变已有的认知，接受新的产品。营销学中的"定位"学派，即人为地赋予某一产品特殊属性，并不断强化这些属性，实现认知替代。

在品牌替代上，一定要重视领导品牌的独特价值，领导品牌地位一旦形成，只要不犯错误或出现颠覆性需求，非领导品牌往往很难实现反超。行业领导品牌（第一品牌）

是稀缺的,如果不能投资于大品类的领导品牌,也要尽可能投资于小品类(细分领域)的领导品牌,充分享受领导品牌带来的投资溢价。

(3)品类方面的替代

品类方面的替代更广、更宽,如矿泉水对茶饮料的替代、巧克力对饼干的替代,甚至高铁对飞机的替代。前者通过改变认知实现替代,后者通过完善功能或缩小满足需求的差距实现替代。

品类替代往往体现在功能相仿的两种商品之间,尤其是在功能方面,通过功能的差异或功能的叠加实现替代。前者最明显的就是汽车对摩托车的替代,汽车更安全、更易操控;后者最明显的案例是手机对数码相机的替代,手机更加便携且成本更低。

归根结底,任何完成替代的产品和服务,它一定比被替代的产品和服务更加符合人性。

案例:易被替代的仿制药

以以色列TEVA公司为例,其是全球最大的仿制药生产商,最辉煌的时候股价一度达到72美元,市值610亿美元。TEVA通过并购模式,买入创新药品种,实现了市值的狂飙,然而支撑其市值的是并购的创

> 新药品种，一旦该品种专利到期，就显示出了仿制药企业的疲态。
>
> 目前，随着医保政策的变革，国内仿制药企业的产业逻辑已经发生了根本性变化，甚至是颠覆性变化。

3. 有扩展性意愿

有融资想法的企业往往都有扩展的意愿，希望现有的业务能够进一步扩展，还能有其他强相关或弱相关的扩展机会。

而扩展的机会，不仅要看企业的投入决心，更要看有没有典型的客户应用。国内一些有技术储备的应用领域如果能够大规模延展（应用拓展或新需求爆发），就会存在类似的机会。

在那些快速发展的行业，往往会有比较多的机会，所以要把扩展的方向定在"风口"上。同时，还要谨慎分析扩展空间的可行性。

最核心的一点是，扩展性期权的价值最终依赖扩展的成功概率和成功后带来收益的大小。

4. 有扩展性基地

企业的任何扩展性都是建立在现有业务基础上的，要有基本盘的支撑。有一个稳固的根据地、一个稳定的细分市场优势地位（领导品牌），就可以通过该地位源源不断地提供现金流和其他资源，供企业扩展所需，也为企业扩展提供了安全边际。

企业的基本盘越厚实，扩展性空间的韧性就越强。另外，扩展性的最佳方向是不断强化自身在原有产业链上的位势，或者新产业链上的位势，追求可持续性盈利，而不是只抓一些机会性盈利。

5. 有扩展性投入

企业的任何扩展性，从结果来看，都体现为业务的跨边界扩展。而要实现扩展性，必须先有企业资源的调配过程，也就是要先行启动内部的产业投资。

企业的内部投资可以大致分为两类：一类是财务性投资，其直接目的是增加收入和/或利润规模，以获得财务可行性的回报为评判标准；另一类是战略性投资，其直接目的是增加企业在产业链上的位势和控制产业核心资源，短期可能并没有太多的财务性回报，比如一些创新药的研发投入就是如此。

为此，要识别企业在扩展性方向上投入的逻辑：只是带来短期回报，还是能够带来更加持久的回报，或是能进一步提升企业的产业位势？从这些项目回报的持续性上，可以发现扩展性的含金量，这点是至关重要的。

扩展性既是期权，又是增加回报的捷径。有扩展性的企业，本身也是稀缺的，需要我们持续不断地去物色和跟踪。

第五章 核心团队

> 正确的路线确定之后,干部就是决定的因素!
>
> ——毛泽东

如果赛车手把路开错了,就会离目标越来越远。

对那些有格局的董事长而言,人生就是一个不断创新的过程,而这个过程本身就是一个奖励,而且是最好的奖励。

第五章　核心团队

作为股权投资者,获得回报的唯一方式是通过项目获利。私募股权项目能否实现快速成长,除了外部因素外,团队是最重要的因素。创业团队或经营团队能否随企业成长而成长,能否克服重重困难、迎难而上,能否不断拓宽企业边界,很大程度上决定了私募股权项目的回报。

1. 完备性

在核心团队里,除了企业战略是董事长主抓外,在生产与技术、市场销售、财务税务、资本运作四个方面一定要有相关专家的支撑。

（1）生产与技术

就制造业而言，这是建立自身核心优势的一个重要方面。一般在团队里要有总工程师的岗位，负责研发或生产环节。

对研发型企业而言，技术团队领军人物的过往经历、成功案例是考察的重点。

（2）市场销售

销售是企业的命脉，小企业一般是董事长或董事长信得过的人掌控销售部门，大企业往往是一个可靠的组织或团队掌控销售部门。有些融资方在融资时往往会提出一些特殊要求，最终都倾向于选择那些有市场资源的投资者，这也反映了市场资源的稀缺性和融资方在能力上的缺陷。

（3）财务税务

重视这个方面的企业往往很少，只在做融资工作时，企业才会比较关注或者开始重视起来。尤其在财务核算和税务优化方面，或多或少都存在一些问题。对于这类企业要辩证地看，是历史遗留问题，还是团队能力问题，或是认识格局问题。要尽可能选择那些对财务规范性有足够认知的企业和企业家，规范性上的不足可能会导致企业无法上市，也就无法获得相关溢价。

> **案例：四套数据**
>
> 《苏世民：我的经验与教训》里描述了四套数据——"一组给银行看的数据，一组给税务部门看的数据，还有一组融资时用的数据，再有就是自己相信的数据。"
>
> 而黑石集团倡导只要一组数据，无论是给银行、给有限合伙人，还是给税务部门，都是自己相信的数据。

（4）资本运作

很多企业的实际控制人对资本市场运作并不了解，如果企业家一味听任外部机构的方案，企业反而会错失机会或浪费资源。如果企业家自身不能搞明白资本运作的真正含义，未来的发展就会存在巨大的变数。资本运作技能应该是董事长必备的能力，而不能外包给他人代劳。

2. 平衡性

（1）经营主导权和股权控制力的平衡

一般来说，企业的主导权在董事长手里。一个企业主导权或决定权，可能归属董事长，也可能归属总经理。

掌握主导权的经营者，必须占有较大的股权（或投票权）。如果财务合伙人/投资人占了较大股权比例，如40%甚至更多，就会派驻除财务人员之外的其他经营人员参与经营。那么，一旦出现经营困难，就会出现团队分裂的现象。

团队是企业经营中最大的变量，私募股权投资机构在这方面的教训很多。对于核心管理团队出售老股的行为，尤其是负责技术或市场的总经理出让股权，一定要慎之又慎。毕竟，总经理作为内部人士，掌握着外部投资者无法掌握的信息，尤其是一些负面信息。

案例：股权比例和经营权失衡

股权和经营权失衡的主要表现是经营权没有和控股权实现捆绑。很多企业在创立时就没有搭建合适的股权架构，在出现分歧时，多个股东各执一词，缺乏最终的决定能力。

有合伙人之间的矛盾，如三个人合伙创立企业，在引入战略投资者20%股权后，三个人的股权结构变为：30%、30%和20%。在企业需要大规模投入以获得更快发展速度的时刻，合伙人出现分歧，最终出现了5:5的股权格局,导致"合而不能,分也不能",胶着多年,失去良好的发展时机。

还有财务投资人与技术合伙人共同发起成立的公司,双方股权相仿,后引入战略投资者20%股权。随着市场波动,企业业绩出现下滑,财务投资人强烈要求退出,最终技术团队接盘,企业整体实力大降,之后遭遇了多年亏损。

(2)经营主导权和行业发展阶段的平衡

经营主导有两种不同的模式:一种是把企业整体作为平台的主导模式,一种是围绕少数或某几个经营能人的主导模式。在企业发展初期,更多的是围绕经营能力主导的模式,依靠个人的经营能力实现研发突破或获得订单,抢占市场及稀缺资源。接下来,企业发展应该把这些能人纳入企业内部体系,融入企业团队,把主导模式逐渐过渡到平台能力上。不管是技术主导型,还是市场主导型,都是必须经历的阶段。

> ## 案例：经营能力落后于行业发展
>
> 企业的经营能力必须与时俱进，能够与行业发展保持同步，否则，将会陷入困境。
>
> 以工程机械加工行业为例，许多合资企业最初定位是为外资企业加工零部件。但随着国内工程机械主机厂的崛起，市场的主流力量发生了转变，此时就必须要适应这个转变。如果合资企业未能突破原有的定位，无法在新领域、新研发方面实现突破，那经营能力将落后于行业发展。
>
> 综合分析企业转型困局，往往会发现其存在诸如市场能力偏弱、研发力量不健全等短板。其实，更深层次的原因还是经营层的认识不到位，缺乏站在产业链位势上布局的意识和高位势的经营能力。

（3）经营节奏和内部资源的平衡

有些投资机构比较喜欢激进的团队，而事实上，激进的团队在顺风顺水时还好，一旦遇到逆境，再走出来的可能性就微乎其微了。

企业经营过程中，一定要认清自身资源的局限性。对于绝大多数的中小企业来说，里子比面子更重要，办公环境干净、整洁、有序即可,不必讲豪华、排场甚至奢侈。

有些企业家非常在乎面子,为了能够显阔气,盖办公大楼(甚至豪华装修)、搞各种面子工程(景观等)。

还有,一定要摆正与地方政府的关系,牢牢守住一条——相信政府而不能依赖政府,也就是常说的"要多找市场,少找市长"。

3. 开放性

开放性体现在四个方面:

第一要包容和容纳人才。

人力资源是企业第一资源,没有人才的汇聚,就没有企业的光明未来。企业要实现对人才的包容,要容纳能力强、脾气怪和薪酬要求高的人才,这样才是开放和包容的文化氛围。

如果企业在发展过程中,始终把战略目标作为资源配置决策的出发点,那么,在人才使用方面就会体现出足够的包容性。从职工的股权激励分配中,也可以发现一些企业包容性的端倪。

案例：技术骨干股权的合理性在哪？

对于尚未盈利的企业，研发团队总体的持股比例要适当高一些；对于已经实现盈利的，研发团队股权比例可以降低；对于已经搭建销售力量的平台型企业，研发的股权比例还要再降低一点，以便更加平衡。

对于核心研发人员，股权比例要足够高。国内有不少类似的案例，企业的研发合伙人因股权问题离职，后创立新型生物制药企业，在资本市场获得了更高的市值。

换个角度来看，若把最核心的人才放走了，企业必然会走下坡路。作为企业家，尤其是创新药类企业家，一定要认识到财富不是靠守就能守得住的。行业的竞争非常激烈，经营难度也非常大，不进则退，慢了也是退步。

第二，要有方向感。

企业发展的方向感，既包括对客户需求趋势把握的方向感，也包括对未来技术创新走向的方向感。这种方向感要求的是大方向大致正确即可，并应不断修正或微调，确保企业走在正确的方向上。

一旦大方向走错，对科技企业来说可能是颠覆性的，因此，科技型企业要多路径预研，为防范风险做好技术和路径储备；而对资管行业来说，如果大的趋势看错做错，结果同样也是颠覆性的。

需要特别重视的是，经营层一定要有产业链思维，要注重对产业链位势演变的分析，并积极投资未来，投入重要资源参与有关未来优势位势方面的争夺。

第三，要能够逆人性。

当企业发展到一定阶段，内部组织与人员要不断迭代更新，不能因亲设岗，出现人浮于事的现象。

任何获得巨大成功的企业都曾经被嘲笑，因为它的所作所为不仅受宏大的理想所引领，更是逆人性的，即"偏执者才能生存"。

第四，要有危机意识。

当前的有利局面不会长期存在，做企业其实要逆势而行，要与行业趋势、同行竞争、需求变化、技术迭代等诸多困难做斗争，要有危机意识。要给企业留下足够的抗风险资源，提前做好应对风险的准备。企业的防风险能力及纠错能力，是对经营团队的重点考察内容。

> **案例：Theranos 董事会**
>
> 《崩溃：关于即将来临的失控时代的生存法则》一书介绍了 Theranos 公司 2015 年秋季董事会成员，《财富》杂质宣称"这是绝无仅有的董事会，堪称美国企业史上阵容豪华之最！"该杂志编辑珍妮弗·莱因戈尔德（Jennifer Reingold）声称："该董事会缺乏专业知识，这样一个对生物科技领域缺乏整体经验的团队，如何能够有效监督公司运作？"在 2017 年《华尔街日报》一篇有分量的报道之后，Theranos 公司走下了神坛，走向了末路。

4. 董事长

企业董事长或实际控制人的个性、格局和能力，决定了企业成长天花板的高低。

（1）志向

从做私募股权投资的角度来看，未来获得较好回报是要依靠成长的，成长性对提升回报率至关重要。如果企业家胸无大"志"，甘心守着企业的现状，或许也可以把企业做成百年老店（有很多来自日本的案例），但那些能够引领时代的企业，都有一个能折腾的CEO（首席执行官）。这个CEO不仅会折腾自己（严于律己），还会折腾下属（高要求、严要求），更会折腾其他外部的人（比如合作伙伴）。

古人云"取乎其上，得乎其中；取乎其中，得乎其下；取乎其下，则无所得矣"，这强调了高目标的重要性。如果企业家对高目标或高要求有强烈的执着，这不仅难得，而且非常稀缺。他的最低要求往往对别人也是压力，这对任何与他共事的人来说，都是一种煎熬。他会不断提高要求，不断抬高天花板，挖掘甚至榨干下属的潜力，而这往往被视为刁难或出难题。

从企业家创业的历程来看，这多少要有点"赌性"，要看这个赌性投入的方向在哪里，是否在"壁垒"上下赌注。

案例：经营哲学与执着

乔布斯对"极简主义"和"产品必须美"的追求，不仅体现在产品（包括服务场所、办公场所）的设计上，还体现在个人品位、对同事的严格要求、对供货商的苛刻条件上，这都属于执着和固执。

> 乔布斯对细节的关注和要求，甚至会令人发狂。不仅在产品的性能、外形、颜色、组合、包装等诸多方面，其他方面他也会亲力亲为去把关，确保产品是真正的"美"。《史蒂夫·乔布斯传》里提到了几个细节，如电脑机箱内部的零部件布线、器件的角度和边缘、内部螺丝的外形等，即便这些都是"隐蔽"工程，且遇到了诸如"极大增加成本""增加供货的难度和时间"等阻力和反驳，他也毫不放松。
>
> 正是这种追求商业实现上的高标准和严要求，才使苹果系列产品备受追捧。乔布斯也用自身的经历兑现"活着了，就要改变世界"这句名言。

（2）克制

克制是一种妥协，是当理想和现实发生冲突时对现实的妥协。诸如在产品的要求方面，是有底线和上限的。底线好理解，上限则是适可而止。再好的产品也只有卖出去才算成功，企业要先有足够的盈利，才能实现理想和情怀。

这种妥协不仅是必需的，更是必然的。这种妥协，是企业现有的实际资源无法达成理想状态时，对自身欲望边界的克制和妥协。或者说，把自身欲望分成多个阶段来实现，不要总想一口气吃成个胖子。

一个克制的企业家，在发展目标和经营边界上，不管是言还是行都是审慎的，不会轻易去跨行业布局。夸夸其谈，源源不断提供崭新"畅想"的企业家，更多是"造梦家"，脱离企业实际的目标必然成为泡影。

（3）果断

企业的实际控制人或董事长，在面临危机时能否果断决策，这种"敢拍板"的能力非常关键。

在企业经营过程中，顺势时的决策比较容易，而面对危机时的决策效率又如何？这就是对企业决策机制有效性的考验了。是等待"共识达成"，还是"力排众议"，决定了危机中决策的有效性。

企业的重大决策往往通过集体决策机制做出，鉴于不同参与者的看法和观点各异，当遇到危机问题时，各参与个体的意见往往是不一致的。在损失面前保守的建议会比较多，如"先等一等再看，或许不会再继续恶化了""会影响当期的利润""会影响企业的形象"等等。此时，如果决策者不能当机立断，下一个快速处理的结论，那最终结果肯定是搁置一段时间再来决策。

而危机往往会向最危险的方向发展，只要还能忍受，决策群体就很难达成迅速处置的决策"共识"。事实往往是，危机越来越重，影响到组织生存，这个时候决策集体的意见才会极度一致，达成快速处置风险的决议。

这类集体决策机制，尤其是代理人群体的决策机制，在危机时优柔寡断的案例非常多，虽然最终会达成共识，但也会因拖延而造成巨大损失。

（4）嗜好

对实际控制人的偏好要注意观察和侧面进行了解，有不良嗜好的往往要警惕。而且要对过往一些项目投资（花钱）的必要性进行审慎分析，如果必要性不足，也是要警惕的。

很多企业在资金不富裕的时候，处于良性状态，欲望往往也比较小，不会炫耀（跨越）式发展；而一旦有了充裕的资金，比如募集了一大笔钱，反而控制不住跨越式发展的欲望，最终把企业带到了危险的边缘。无法克制欲望，必然惨淡收场。

案例：是欲望，更是动力

3G资本集团在人才招聘上非常有特点，有个PSD(poor、smarter、desire)模型，即吸纳出身平凡、聪明且渴望成功的年轻人。其中，最核心的是欲望，是否有追求成功的欲望和动力？找到这样的人才，并辅之以长期激励，这是最稀缺的制度性安排。

对那些有格局的董事长而言，人生就是一个不断创造的过程，而这个过程本身就是奖励，而且是最好的奖励。短暂的一生，与浩瀚的历史长河相比，只是一个瞬间。他们不会简单地追求物质，因为人生的所有物质最终都会趋于消亡，他们追求的是人生的体验，追求在生命的流淌中活出精彩。

第六章 乘势投资

> 欲穷千里目，更上一层楼。
>
> ——王之涣

投资策略应该是选势，选择"顺势而为，乘势而上"，即在安全性得到保障的基础上，借时代之势、行业之势、企业之势和运营之势，获得超出市场平均水平的收益。

对中国企业而言，未来最大的时代主题就是"超越和引领"。

第六章 乘势投资

只有极少数企业能够匹配时代主题，并基于产业逻辑，通过自身成长创造出长期性趋势，创造非对称的投资收益。

1. 投资策略

投资策略必须密切关注企业的成长过程，任何企业自创业伊始就面临三重关卡。首先是进入壁垒，决定企业能否实现展业；其次是克服经营难度，看企业能否顺利盈利；第三是建立经营壁垒，获得行业内的超额收益。这些关卡都是企业成长的重重门槛，迈过去就有一片新天地，迈不过去就会陷入企业发展的平台期，甚至是萎缩期。

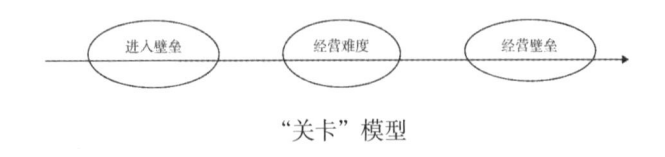

进入壁垒 —— 经营难度 —— 经营壁垒

"关卡"模型

（1）进入壁垒

①一般只会限制竞争，而不会缺乏竞争。具有天然垄断性的自来水、电力、煤气等行业，在区域市场内往往不存在竞争，但跨区域就会有竞争，在经营中还会遇到价格管制。

②对于价格管制的行业，提高效率和降低成本是企业经营的永恒课题，而政府、社区等公共关系则是商业存续的前提。

③进入壁垒高的行业，如果是政策性壁垒，企业经营层往往会陷入惰怠，容易出管理问题，甚至是长期性的管理问题。

如果是行业性壁垒，尤其是技术性壁垒，为了应对少数有实力竞争者的持续挑战，企业经营层要能不断地推出新技术和新产品。如果技术轨道没有发生变迁，沿着原有技术轨道线性快速演进，则行业内追赶者要想实现挑战的难度极大。

④进入壁垒低的行业，意味着参与者众多，如果企业能够在这种市场中胜出，往往能够持续笑傲群雄。

第六章 乘势投资

（2）经营难度

①在经营难度大的行业，要尽可能选择已经获得优势地位的龙头企业。行业内所有企业都会面对不可知的经营难题和风险，没有高超的经营技巧，就很难保持长盛不衰的地位。龙头企业经历过较多的行业风险，在风险应对上经验丰富，更胜一筹，非常值得下注。

②尽可能选择那些经营难度相对较小的行业。这些行业中的企业对经营层能力的依赖性弱，在业务的持续性上更有保障，也能规避传承难题。

③选择那些不需要对固定资产进行持续大规模投入的行业，这样就解决了股东分红回报的资金来源问题。

（3）经营壁垒

①选择那些通过长期市场竞争获得了优势地位，且还能通过持续经营不断巩固其地位的企业。一些食品行业的著名品牌，如白酒中的茅台和五粮液等就属于这种情况。

②那些难以树立经营壁垒的行业，企业的经营者就面临较大的压力。任何优势都需要长期持续地投入和培育，而优势的丧失却是很快的。如创新药企业，经过辛苦研发获得新药专利，一旦专利到期就会导致估值崩塌，故有"专利悬崖"之称。所以，任何创新药企业不得不持续不断地研发新药，持续不断地修补护城河。

③在难以建立经营壁垒的行业，通过组织创新或模式创新建立经营壁垒，也是一种投资价值。如连锁经营模式

就是让经营难度低的企业建立起高经营壁垒。

企业经营壁垒和行业经营难度

企业经营壁垒	行业经营难度	
	易	难
高	高档白酒、知名矿泉水、碳酸饮料、安卓联盟、连锁模式	高级芯片、高档酒店、创新药
低	物业服务、环卫服务	普通芯片、中档酒店、仿制药、生鲜水果、品牌女装

如果行业进入壁垒低，经营难度也低，却能通过组织创新实现规模或高效运营，并建立起较高的经营壁垒，这种模式的生命力也是比较强的。

案例：职业比较的借鉴

对不同的职业选择进行比较，可以获得一些借鉴。

一些艺术性行业，如书法、绘画、音乐等领域，进入门槛不算高，经营难度也不大，从业人员也有很多。但是，对于一个"著名"艺术家来说，这个标签一旦贴上，"品牌"壁垒就可以持续一生，不断从中受益。这些壁垒不仅持续性强，后续的成功还可以不断强化和巩固这个壁垒，属于可持续、可强化的壁垒。但是，要想成为"著名"艺术家却是很难的，需要得到各类"认证体系"的认可。

而那些从事竞技体育的选手，比如从事网球、足球、排球、田径等的选手，成功（奖励或荣誉）都属于过去，并不能让他们在下一次比赛时获得任何领先优势（心理优势除外），这些属于竞争优势没有累积性和延伸性的职业。

2. 投资要乘势

如果不预先考虑防守，所有进攻都是一种投机；如果有了充分的防守安排，乘势就成为一种优先选择。

古人云"覆巢之下，焉有完卵"，这是讲趋势性的破坏力量；也有"沉舟侧畔千帆过，病树前头万木春"的说法，讲的是创新转型的规律性趋势。投资分析的第一要务是认清趋势，要对时代、行业、市场、企业和运营的趋势性变化有足够的认知。为此，投资策略应选择"顺势而为，乘势而上"，要借时代之势、行业之势、企业之势和运营之势。

（1）时代之势——消费升级与科技创新

最大的时代主题源自国家大势（国运），只有符合和服从国家大势，才能从这个最大的趋势中获得厚利。国内资本市场对有时代主题的行业或企业都会给予高溢价,因为这些企业都拥有光明而崭新的未来。

①消费升级

中国有14亿人口、2亿~3亿中产阶层,在这些人口的消费能力提升、消费偏好变化的过程中,酝酿着新的巨大的投资机会。

中国既有市场区隔带来的细分领域的机会,也有不同领域不断消费升级的机会。在科技进步的大背景下,企业触及每个细分市场将更加高效和便捷,将与消费者之间建立更加直接的互动连接;不同层次的细分市场也会享受到物质水平和服务能力提升带来的消费升级,会得到更多、更好的选择。

②科技创新

国内企业40余年的发展史,就是一个不断追赶、替代和超越的历史,也是一个不断吸收先进技术和管理经验的历史,更是一个不断推动技术创新和走出国门的历史。

自2018年以来,越来越多的人认同"科技强国"这个主题,也越发认识到"科技是第一生产力"的威力。我们要成为真正的科技大国、科技强国,必须有一大批拥有全球领先科技水平的世界级企业。未来10年、20年,将会有越来越多的中国科技企业活跃在全球市场上,"超越和引领"将成为未来的时代主题,那些能够走出国门、走进欧美主流市场的企业将成为新一代"时代企业"。移动互联网行业的兴起，诞生了许多新型商业模式，以前是 copy to China，未来是 copy from China。

新的机会和最大的机会是在我们目前还未拥有优势的领域，典型的如 IC 领域。在整个 IC 的产业链中，国内企业不占优势的环节仍然很多。这些环节既是国内企业科技攻关的方向，也是股权投资者未来投资的方向，是实现进口替代的潜在巨大市场。

另外，传统产业的升级改造，尤其是数字化转型或 5G 带来的智能化时代，都是新时代带来的新机会。数字化转型能够帮助传统产业升级，提高劳动生产率，既能适应老龄化时代，也能为劳动力提供更多的薪酬回报，是让人民更加富裕的机会。

（2）行业之势——选龙头或第一梯队

竞争不是一成不变的，而是商业运营的常态，要对企业的竞争举措不断进行跟踪。即便企业目前获得了领先地位，一旦竞争从"排位赛"阶段转化为"淘汰赛"阶段，任何企业都不能掉以轻心。只要不是牢牢站稳前排的位置，都有可能被淘汰或被兼并。

在当前的很多创业领域，尤其是通过商业模式创新的领域，只有排头兵才能活下来；甚至，第一名和第二名都要联手，这就是淘汰赛阶段的残酷性。

平庸化至少是 99% 的企业的宿命。企业平庸化的趋势，如地心引力般牢不可破，先是平庸化，然后陨落，如流星般湮灭。企业经营日渐平庸是陨落的序曲，正如企业周期理论所言。

企业周期理论蕴含了一个结论：乘势而上——乘着企业上升的趋势。企业鲜花盛开的时候，既是投资者最好的陪伴期，也是撤退期。

（3）企业之势——产业链和控制力

企业在产业链中所处的位势，是一种基于机会和能力的主动选择。这种选择难免会与现实遭遇冲突，而这种冲突有时候甚至是致命的。

如果处在产业链的中间位置，那就要看其对产业链的控制力或影响力。在面对上游时，企业做大规模可以获得更多的折价；在面对下游时，技术性壁垒能获得变现的溢价。很多传统行业随着集中度的提升，如钢材、铝锭等上游重工业，往往会要求客户现款提货。而那些以这些材料为基础的制造业，在与上游供应商博弈时处于非常劣势的位置。对于这些企业，如果想通过横向扩张，寄希望规模的提升来扭转采购上的不利地位，是非常难的。最可能的机会，反而是依靠技术上的优势，而不仅仅是规模上的优势。

对于那些汽车零部件企业，尤其是做零件而不是部件的三级供应商企业，在上下游的挤压下，仅流动资金方面就会承担巨大的压力。

案例：创新药企业的位势

越来越多的制药企业加大对创新药的研发力度，顶着"创新药"光环的企业含金量到底如何呢？位势又如何呢？有以下两个标准可以判别。

第一，是否为平台型研发企业？企业必须有研发线，有详细的产品梯队，而不是靠单品（孤品）支撑。另外，支撑该研发线的团队必须有成功案例，而不是刚刚起步。

第二，是否有强大的市场力量？任何产品的创新最终都需要在市场上兑现，市场销售能力非常关键。

研发型企业和市场型企业在最终盈利规模上会有明显差别，如果没有足够的市场支撑，再好的创新药也不能在技术保护期内赚到足够的利润。

只有在技术研发平台和销售力量上同时具有高水平，才是高位势的创新药企业。

（4）运营之势——绩效好和资产实

绩效好比较容易理解，而分析资产是否实在，不仅要考虑实实在在的表内资产，还要考虑品牌声誉、科技产权、客户资源等无形的资产，更要考虑行业经营难度带来的内在经营风险。这些风险不仅会影响表内资产,更会影响企业经营的持续性;而企业一旦失去经营的持续性,投资就会产生颠覆性风险。

此处可以按两类来分析:一种是经营难度小的企业,一种是经营难度大的企业。

第一类,经营难度小的企业。

一般来说,这类企业的存货往往不会有贬值的风险,或许还有升值的机会,这是一种对股东的利益赠送。最典型的诸如白酒行业、矿泉水行业等,产品保质期比较长,而且还有升值[与CPI(消费者物价指数)同步]的可能性。

这类企业的产品往往常年保持不变,在研发上能做到最大幅度的节约;相应的,产品的销售费用往往比较高,占营业收入的比例也会较高。销售费用总体是相对可控的,也是可以调节的,可以和渠道商共同分摊。

第二类,经营难度大的企业。

这一类企业比比皆是,产品往往变化很快。尤其是那些消费电子类产业链上的科技企业,如果没有充足的研发投入,后续的产品无法接上,企业就会走下坡路。又如服装行业,尤其是女装类企业,新时尚服装的开发难度和过季服装的库存风险,始终是这个行业的痛点。

当然,这些经营难度大的行业,往往毛利率也会比较高,这也是对经营风险的一种补偿。

总体来说,在经营难度小的行业内经过激烈竞争并建立了高壁垒的企业，与经营难度大的行业内获得龙头地位的企业，都存在投资价值。但从壁垒的可持续性来看，前者可能更长久，传承难度也更小。如果选择后者，一定要选择那些较强的经营团队，选择那些经得住冲击的企业。

3. 理念要升维

移动互联网行业里不同商业模式之间的竞争，可以引用《三体》里"降维打击"的说法，即高维对低维的打击。结果往往是毁灭性的，低维企业不仅无还手之力，还不得不接受失败的结局。这点对股权投资行为有借鉴意义，如果选择升维的投资思路，就可以另辟蹊径，做出与众不同的选择。

我们可以用第一、第二和第三产业的划分来举例，用第二、第三产业的思路去整合第一产业，接着用第三产业的思路去整合第二产业，这就存在了商业模式创新的空间。

案例：产业分级

三大产业在GDP中比例的变化趋势是：先是第一产业的比重不断下降，第二产业的比重不断上升，第三产业的比重也不断上升；随后，第一、第二产业下降，第三产业不断上升。而这个变化趋势，其

> 实代表了产业投资价值的变化——永远寻找增长（核心资产类别的转换或资产定价权的转移）。在国内当前阶段，随着重工业化进程的完成（达到高质量发展阶段），传统重工业的投资价值相应下降了，而第三产业是未来的主流趋势。

就当前第二、第三产业的投资机会而言，有投资价值的方向有：第二产业的科技创新（比如创新药就是对仿制药的升维）和第三产业的商业模式创新（比如连锁经营就是对单店经营的升维）。互联网行业的数字经济（科技型服务业务），其实依托着第二、第三产业的创新，对第二、第三产业形成了升维优势。

中国很多行业在改革开放过程中，实现了从落后到追赶（缩小差距）再到超越的飞跃。一旦实现了某个行业整体式追赶，行业内企业的投资价值反而下降了——高成本结构竞争对手的消失，会压缩行业的盈利空间。如果龙头企业的增长空间和利润增速预期有所下降，基于预期的资本市场所给予的估值溢价也会趋于消失。

升维往往和突破性技术有关，是一种跨行打击。一种是新技术的引入，会对现有行业产生冲击；一种是模式上的创新，如外卖对方便面的需求替代；还有一种是功能上的更新，如智能手机对数码相机的替代，最终的实质性需求并没有发生变化。那么，从较长、较大的发展格局来看，依据升维的角度来分析，未来的投资机会在哪里呢？

一种是科技创新。这是技术升维，是未来最有可能产生收益率和收益空间的方向。

一种是品牌升维（消费升级）。这是相对稳定且持续的投资机会。

一种是产业升维。某些新技术的导入，让整个行业运行效率更高，或导致某些环节出现了新的集中，并提升了供给的效率。如数字经济就是对传统经济的升维，数字化技术导致行业变革或裂变，提升了原有产业的发展空间（数字技术＋行业应用）。

一种是模式升级（更低的成本、更高的效率）。

股权投资行为是一种实践系统，其结果的好坏依赖于投资者的认知。认知的改变其实是一种进步，每个人都是自身经验的囚徒，只有敞开心扉接受外部的信息，才能拓宽现有的能力边界。或证实，或证伪，都可以形成反馈，进而益于系统的持续精进。

参考文献

1. [美] 阿什利·万斯，周恒星、罗庆朗译，《硅谷钢铁侠：埃隆·马斯克的冒险人生》，中信出版社，2016年5月。
2. [美] 克莱顿·克里斯滕森，吴潜龙译，《创新者的窘境》，江苏人民出版社，2001年1月。
3. [美] 克里斯·克利尔菲尔德、安德拉什·蒂尔克斯，李永学译，《崩溃：关于即将来临的失控时代的生存法则》，四川人民出版社，2019年5月。
4. [美] 里德·霍夫曼、叶嘉新，路蒙佳译，《闪电式扩张》，中信出版社，2019年9月。

5. [美]约翰·S.戈登,祁斌译,《伟大的博弈——华尔街金融帝国的崛起（1653–2000）》,中信出版社,2005年1月。

6. [美]约翰·S.戈登,于倩译,《疯狂的投资——跨越大西洋电缆的商业传奇》,中信出版社,2014年12月。

7. [美]沃尔特·艾萨克森,管延圻等译,《史蒂夫·乔布斯传》,中信出版社,2011年10月。

8. [巴西]克里斯蒂娜·柯利娅,王仁荣译,《3G资本帝国》,北京联合出版公司,2017年6月。

9. [美]苏世民,赵灿译,《苏世民：我的经验与教训》,中信出版社,2020年2月。

10. 戴老板（真名代文超）,《在互联网的世界,我们终将"老无所依"》,《第一财经》,2019年9月。

11. 刘娜,《由价格战推演行业竞争博弈》,《证券市场周刊》,2020年1月。

12. 吴军,《浪潮之巅》,人民邮电出版社,2019年7月。

13. 赵娜,《英特尔资本：CVC巨头的主动式投资》,《21世纪经济报道》,2020年4月。

14. 刘仲蓓、颜亮,《过渡性技术的战略研究》,《科学学研究》,2003年2月。

后 记

乔布斯最喜欢的一句话是"Stay hungry, Stay foolish"（求知若饥，虚心若愚），对投资的认识也是一样，都要秉承谦虚谨慎的态度，持续不断地学习、实践和反思。在这个过程中，不断提升对股权投资的认识深度，不断加深对所涉及产业和行业的认知，不断经历否定之否定，自然也少不了很多错漏。

任何投资行为都要考虑资本的安全性，防守要永远放在第一位，股权投资一定要选择那些已有经营壁垒或会有经营壁垒的企业，这也是一种底线思维。同时，还要选择

后 记

那些有非对称收益的方向，选择符合时代主题、高产业位势和扩展性强的企业，这是获得超过行业平均收益的可行路径。

私募股权投资盈利的来源是所投资企业的顺利成长，只有先具备分析企业持续性和成长性的能力，先把自己培养成产业投资者，真正了解这个行业、市场和企业，才有可能打造一个相对稳定、可持续的获利模式。

从长期来看，任何一个行业的增长都会趋于停滞，甚至下降。即便龙头企业也会遇到天花板，也需要不断创新或引入变革的力量，或跨界发展，寻找新的增长点。为此，对所投资企业的跟踪、观察和分析都应该是持续不断的，这就是投后管理的价值所在。

对于那些行业进入门槛低、经营难度较小、经营壁垒较高的企业，其变化是渐进的和缓慢的；一旦有了不利因素，总存在一个相对充分的退出时间窗口。而那些经营难度大、经营壁垒不稳固的企业，尤其是技术竞争相当激烈的科技行业，形势是瞬息万变的，一旦出现技术落伍的端倪，想安全退出的难度极大。

资本市场估值特点有典型的时代倾向性，也可以说是"喜新厌旧"，对成长预期往往给予高溢价，"赚钱"与"值钱"之间也不能简单地画等号。那些"赚钱"的公司估值越来越低，而那些"值钱"的公司估值却越来越高，这种持续"背离"的现象不能简单地归因于资本市场的失灵或炒作，其背后必然蕴含着一种变革的力量。或许，这就是时代进步的力量！

本文的案例大部分集中在制造业，这既因为我国是制造业大国，制造业的投资机会多；也因为实业资产更可评估和核查，可以降低股权投资的风险。当然，在数字经济新时代，也要加强对新经济、新模式、新变化的研究和分析，分析生产函数的实质性变化，这也是下一步完善的方向。从这个层面来看，时代变迁给股权投资带来了巨大的挑战，必须认清时代的主题和主线，以少而精的策略重仓出击。

企业经营是一场看不到终点的马拉松，意外可能随时发生，那些有事先准备的、持谨慎经营原则的企业会在不确定环境中相对受益。2020年年初，在中美贸易摩擦的大背景下，又叠加疫情的影响，世界经济环境的变化充满了不确定性，对国内诸多企业都造成了不同程度的影响。这种"意外"事件的发生，对企业经营层来说是一种考验，而那些能够"扛"过去的企业，必然是"剩者为王"的候选人。股权投资行业亦是如此，也要预防各种意外的出现。不仅要在投资前考虑企业在经营方面可能会遇到的意外情况，而且要在投资后考虑企业经营层内部可能出现的意外情况。坚持长线思维，做投资的少数派，这是一条艰难和崎岖的道路。要把一件事情做好是很难的，企业经营是如此，股权投资也是如此，写一本让读者满意的书亦是如此。本书能够得以出版，非常感谢陈继达先生的鼓励和支持，

后 记

他对企业管理的深邃认知让我受益良多；非常感谢陈妙林先生的指导和点拨，他的"铁人"精神将不断激励着我；非常感谢马庆国老师的言传身教，他对管理学研究的执着和洞察力，体现了大师的风范；非常感谢王靖岱教授，他的帮助改变了我的人生发展轨迹；还要感谢浙江大学出版社曲静老师的耐心指导和悉心安排，让本书能够顺利出版。另外，还要感谢我的家人，感谢许多帮助过我的老师、同学、同事和朋友们，是你们的鼓励和支持，让我能够下定决心把一个简单的大纲变成体系相对还算完整的书籍。也要感谢花费时间浏览本书的读者朋友们，希望对大家能有所启发。

非常感谢陈继达先生、陈妙林先生拨冗为本书作序，对此我深感荣幸！

颜 亮

2020 年 5 月

图书在版编目（CIP）数据

长线思维：做投资的少数派 / 颜亮著. -- 杭州：浙江大学出版社，2020.12
 ISBN 978-7-308-20512-2

Ⅰ．①长… Ⅱ．①颜… Ⅲ．①股票投资 Ⅳ．①F830.91

中国版本图书馆CIP数据核字(2020)第159754号

长线思维：做投资的少数派
颜 亮 著

责任编辑	曲 静
责任校对	汪 潇　杨利军
封面设计	周 灵
出版发行	浙江大学出版社
	（杭州市天目山路148号　邮政编码　310007）
	（网址：http://www.zjupress.com）
排　　版	杭州林智广告有限公司
印　　刷	杭州钱江彩色印务有限公司
开　　本	880mm×1230mm　1/32
印　　张	7.5
字　　数	138千
版 印 次	2020年12月第1版　2020年12月第1次印刷
书　　号	ISBN 978-7-308-20512-2
定　　价	49.00元

版权所有　翻印必究　印装差错　负责调换
浙江大学出版社市场运营中心联系方式：0571-88925591；http://zjdxcbs.tmall.com